LITERATUR EINS

LITERATUR EINS

A Beginning Reader with Exercises

Second Edition

Edited by

Robert Spaethling

UNIVERSITY OF MASSACHUSETTS, BOSTON

Eugene Weber

SWARTHMORE COLLEGE

W · W · NORTON & COMPANY

New York · London

Library of Congress Cataloging in Publication Data
Spaethling, Robert, 1927–   comp.
    Literatur Eins.

    1. German language—Readers. I. Weber, Eugene.
II. Title.
PF3115.S55 1979   438′.6′421   78-12475

W. W. Norton & Company, Inc., 500 Fifth Avenue, New York, N.Y. 10110
W. W. Norton & Company Ltd., 25 New Street Square, London EC4A 3NT

0

ISBN 0-393-95041-7

CONTENTS

PREFACE

This new edition of *Literatur Eins* is designed as a supplementary reader for courses in the basics of the German language. The texts can be read with considerable ease by students in the second year of language study, and also possibly in the first year. We stress ease but also enjoyment, for each selection has intrinsic interest and appeal for American students, and each is a distinctive work by a well-known author.

Variety can work wonders in the classroom. Students usually begin their exposure to German literature with short stories, but we have found plays and poems as well to be effective. *Literatur Eins* includes some of each: stories, fairy tales and parables, two short plays and a *Hörspiel*, lyric poems and ballads. Each work is representative of German culture, and each is presented as originally written, neither recomposed nor abridged, neither doctored up nor watered down.

Every chapter begins with an introduction in English to give students a brief preliminary orientation and to provide topics for class discussion. The selections are arranged roughly in order of increasing difficulty. The poems are exceptions to this rule: they are grouped at the end of the book only as a convenience, not because they are especially difficult, and may be introduced as a change of pace at almost any point the teacher chooses.

Generous side-glosses enable students to read without constant recourse to the end-vocabulary. We have glossed expressions crucial to the meaning of the passage which may be unfamiliar to beginning students; except for the forms of *sein* and *haben*, we have also provided the infinitive for each verb that is glossed, unless the form in the text is identical with the infinitive; and we have given nouns in the nominative singular form, regardless of the case and number in which they appear in the text. The end-vocabulary contains all but the most basic words, defining each word according to the contexts in which it is used in *Literatur Eins*. Rarely used plurals of nouns have been omitted, as have forms of the genitive; for strong and irregular verbs we have listed complete principal parts.

A textbook for a language should teach not only reading skills but active use of the language in speaking and writing. Students should be able to strengthen their command of syntax as well as enlarge their active vocabularies. Toward this end we have supplied a series of progressive exercises at the end of each chapter that will enable students to acquire, step by step, an active command of the vocabulary and structures they have read, and moreover to learn to apply this command to everyday conversational German. (Again, we have excepted the poems from this treatment—conversational drills based on "Gretchen am Spinnrade" or "Die Lorelie" can certainly be devised, but almost invariably they turn out to be odd or even ludicrous—and we prefer to work with their vocabulary and grammar in class informally or, again as a change of pace, not at all.)

The exercises are constructed as follows:

A. Students are asked to supply one word to complete a sentence. The problem posed is one of vocabulary, grammar, syntax, or usage. Inflected verbs are not called for, although infinitives may be required. For example, after having read the first section of *Der Froschkönig*, students will be asked to supply the correct word in

     Nahe _____ dem Schloß lag ein großer Wald.

B. In this set students are asked to inflect the verb and to give the sentence in both the present and the narrative past unless otherwise indicated. Teachers may also want to ask for other tenses, but we would caution that the results often turn out to be wooden, produced for the sake of the exercise only; any sentence used in a drill should be as natural as one used in the course of daily speech in real life. If the verb to be used is strong or irregular, it is set in italics. The principal parts of all such verbs are listed in the end-vocabulary.
The sentence used above now appears thus:

     Nahe bei dem Schloß _____ (*liegen*) ein großer Wald.

C. After the verb has been mastered, it should not be too difficult to construct the entire sentence with the help of verbal cues. The students now produce the sentence with the help of the following:

Nahe / bei / Schloß / liegen / groß / Wald

D. It is now time to test whether or not the German is indeed active and under control. Students should now speak or write the German sentence when they see

Near the castle there was a large forest.

E. These steps have been preparing students to respond in German to questions on the text they have read. They should now be ready to answer without any difficulty the question

Was lag nahe bei dem Schloß?

F. A student interested in learning to speak German may now well ask, "Why should I be learning something as useless as 'Nahe bei dem Schloß lag ein großer Wald'?" To be sure, castles in woods are hardly the usual stuff of German conversation. Nevertheless, the sentence does contain a phrase, i.e., "Liegen bei," which together with "liegen an" is very common. If we keep this phrase and change the vocabulary, we arrive at a conversational pattern:

Frankfurt / liegt / am Rhein
Palo Alto   bei San Francisco
Chicago   am Michigansee
Wien   an der Donau

This set of exercises is presented in its entirety for the fairy tales of the Brothers Grimm and the stories of Peter Bichsel; in a somewhat abbreviated form they have also been used for the chapter on Kafka. But plays and poems lend themselves less easily to this kind of drill. For the two Brecht plays therefore we have supplied exercise drills for adjectives and the use of the subjunctive in indirect discourse, as well as exercises testing word order and reading comprehension. For Dürrenmatt's *Der Doppelgänger* there is a list of questions to be answered in German. We feel that the best way to practice active use of the language in these two chapters is for students to take roles in the plays and read aloud in class. In the case of *Der Doppelgänger* we also find it profitable to ask students to memorize the lines of a character in one of the short scenes as a kind of basic dialogue. And, at the risk of sounding a bit old-fashioned, we also believe that there is considerable pedagogical purpose in asking students to memorize a poem or a ballad.

Literatur Eins has grown out of classroom experience and we take pleasure in thanking the many students and colleagues who by voicing their likes and dislikes, their criticism and suggestions, have participated in selecting and shaping the contents of this book. Special thanks are due to Michael T. Noyes of the Media Learning Center at Temple University, to David Lautenschlager for editorial assistance, and to Peggy Dieffenbach for turning barely legible scrawl into a professional manuscript.

R.S.

E.W.

LITERATUR EINS

JACOB und WILHELM GRIMM

Fairy tales are among the oldest forms of literature. Like all art, they grew out of the human need for play, ritual, and creative self-expression, and like all archaic folk literature, they embody archetypal patterns of human experience. In German literary criticism, fairy tales have been referred to as "einfache Formen," a designation characterizing their generic type as well as their style. For in fairy tales all action is reduced to essentials, descriptions are simple and concrete, and even the structure of the narrative is shaped by the use of repetition and intensification. "The fairy tale simplifies all situations," writes Bruno Bettelheim in his book *The Uses of Enchantment*; "its figures are clearly drawn; and details, unless very important, are eliminated. All characters are typical rather than unique."

The two tales printed here are taken from *Kinder- und Hausmärchen*, a collection published in 1812 by the German philologists Jacob and Wilhelm Grimm. Explaining in the introduction their aim of presenting the tales exactly as they had heard or found them, they wrote: "Wir haben uns bemüht, diese Märchen so rein als möglich war, aufzufassen. Kein Umstand ist hinzugedichtet oder verschönert oder abgeändert worden." Thus they attempted to record a literature, which for centuries had been transmitted orally, in an objective, scholarly manner. Today we know that the two Romantic scholars did not only gather their tales from German sources and oral traditions, but that they learned of some of the stories through sources published in seventeenth-century France. But this has in no way impeded the fascination with the *Märchen*. Quite the contrary, fairy tales have become a favorite area of investigation for literary scholars and linguists alike, and even anthropologists and psychologists have begun to explore the depths of these seemingly simple tales.

Der Froschkönig exists in numerous variations, some of which can be traced to the thirteenth century. An especially charming version was recorded in sixteenth-century Scotland:

> Open the door, my hinny, my hart,
> Open the door, mein ain wee thing.
> And mind the words that you and I spak
> Down in the meadow at the well-spring!

The story contains a moral: all promises, no matter to whom they are made, must be kept. But this tale can also be read on a psychological level. The frog represents animal instincts, the golden ball the innocent self of the adolescent girl, and her playing outside the castle with the self-contained sphere reveals her subconscious desire to establish contact with the world around her. Her solitary game soon involves a partner—the frog. In freeing him from his lowly state through an act of self-assertion, she also frees herself from the trauma of puberty, and the two, prince and princess, can become man and wife. The concluding motif of the faithful servant is closely related to the central theme of liberation, for in fairy tales the servant often represents the hero's alter ego. As the prince has broken out of his spell, so the now jubilant servant snaps the fetters that held together his broken heart.

Rumpelstilzchen is based on the ancient belief that an individual's name is part of his essence and that whoever knows the bearer's name can exercise great power over him. This story, too, takes up the theme of liberation, here liberation from a demon who had come to the aid of a naive maiden. The demon derives his power from being unknown, but when the queen speaks his name—assigning names is at the same time an act of human assertiveness and control—the demon (dangerous because he was unknown) becomes powerless and destroys himself.

Questions for Thought and Discussion

There are many ways in which to approach these fairy tales. One, of course, is to read them for fun, without trying to analyze them. But to read thoughtfully means to ask questions, and each of these stories has special rewards for a questioning mind. Why, for example, does this type of narrative need to maintain simple forms and optical images? What other such "einfache Formen" do you know in literature?

The story of *Der Froschkönig* offers three major themes: ethical behavior, sexual maturation, and loyalty. Are these themes interrelated, do they reinforce each other, or do they merely coexist—as if the story had been put together from three separate tales?

Most interpretations are concerned with the situation of the little princess; but what does the world look like from the frog's point of view? (You might take into account his statement that "niemand hätte ihn aus dem Brunnen erlösen können als sie allein.")

Unkept promises and fear of the unknown are two basic problems depicted in *Der Froschkönig*; do we find similar problems in *Rumpelstilzchen*? What other themes does that story contain?

Der Froschkönig frog king

eisern iron

wo das Wünschen noch geholfen hat (helfen) when wishes still came true

selber even   doch after all   sich verwunderte (sich verwundern) was surprised

die Linde linden tree   der Brunnen well

Langeweile hatte (haben) was bored   die Kugel ball
liebstes Spielwerk favorite toy
Nun trug es sich einmal zu (zu-tragen) now one day it happened
-chen diminutive suffix, meaning little or dear   vorbei to the side
schlug (schlagen) here: fell   geradezu straight
folgte . . . nach (nach-folgen + dat.) followed

immer lauter louder and louder   gar nicht not at all   sich . . . trösten to console herself
Was hast du vor (vor-haben) what are you up to
daß sich ein Stein erbarmen möchte (sich erbarmen, mögen) that a rock would be moved
to pity   sah sich um (sich um-sehen) turned around to see
erblickte (erblicken) saw
du bists it's you   Wasserpatscher water splasher

Rat schaffen help

der Edelstein gem

mich lieb haben willst (lieb-haben, wollen) want to love me
der Geselle companion   der Spielkamerad playmate

6

Der Froschkönig oder
der eiserne Heinrich

In den alten Zeiten, wo das Wünschen noch geholfen hat, lebte ein König, dessen Töchter waren alle schön, aber die jüngste war so schön, daß die Sonne selber, die doch so vieles gesehen hat, sich verwunderte, sooft sie ihr ins Gesicht schien. Nahe bei dem Schlosse des Königs lag ein großer
5 dunkler Wald, und in dem Walde unter einer alten Linde war ein Brunnen: wenn nun der Tag sehr heiß war, so ging das Königskind hinaus in den Wald und setzte sich an den Rand des kühlen Brunnens: und wenn sie Langeweile hatte, so nahm sie eine goldene Kugel, warf sie in die Höhe und fing sie wieder; und das war ihr liebstes Spielwerk.
10   Nun trug es sich einmal zu, daß die goldene Kugel der Königstochter nicht in ihr Händchen fiel, das sie in die Höhe gehalten hatte, sondern vorbei auf die Erde schlug und geradezu ins Wasser hineinrollte. Die Königstochter folgte ihr mit den Augen nach, aber die Kugel verschwand, und der Brunnen war tief, so tief, daß man keinen Grund sah. Da fing sie an zu
15 weinen und weinte immer lauter und konnte sich gar nicht trösten. Und wie sie so klagte, rief ihr jemand zu: »Was hast du vor, Königstochter, du schreist ja, daß sich ein Stein erbarmen möchte. « Sie sah sich um, woher die Stimme käme, da erblickte sie einen Frosch, der seinen dicken häßlichen Kopf aus dem Wasser streckte. »Ach, du bists, alter Wasserpatscher «,
20 sagte sie, »ich weine über meine goldene Kugel, die mir in den Brunnen hinabgefallen ist. « »Sei still und weine nicht «, antwortete der Frosch, »ich kann wohl Rat schaffen, aber was gibst du mir, wenn ich dein Spielwerk wieder heraufhole? « »Was du haben willst, lieber Frosch «, sagte sie, »meine Kleider, meine Perlen und Edelsteine, auch noch die goldene Krone,
25 die ich trage. « Der Frosch antwortete: »Deine Kleider, deine Perlen und Edelsteine und deine goldene Krone, die mag ich nicht: aber wenn du mich lieb haben willst, und ich soll dein Geselle und Spielkamerad sein, an

7

-lein diminutive suffix, meaning little or dear

versprichst (versprechen) promise   **hinuntersteigen** to climb down

einfältig stupid   **schwätzt** (schwätzen) babbles   **bei seinesgleichen** with his kind
quakt (quaken) croaks
die Zusage promise   **erhalten hatte** (erhalten) had received
kam . . . heraufgerudert (kommen, herauf-rudern) came paddling up

hob . . . auf (auf-heben) picked up
sprang . . . fort (fort-springen) ran away
ihr . . . nachschrie (nach-schreien) shouted after her
Sie hörte nicht darauf (hören auf) she paid no attention to it

Am andern Tage the next day   **die Hofleute** people at court
die Tafel dinner table

was fürchtest du dich (sich fürchten) why are you afraid
der Riese giant
garstig ugly

durchaus absolutely   **verlangte** (verlangen) demanded
nimmermehr never in my life
heraus könnte (können) might come out   **will zu mir herein** (wollen) wants to come in
to see me   **Indem** in the meantime
zum zweitenmal for the second time

deinem Tischlein neben dir sitzen, von deinem goldenen Tellerlein essen, aus deinem Becherlein trinken, in deinem Bettlein schlafen: wenn du mir das versprichst, so will ich hinuntersteigen und dir die goldene Kugel wieder heraufholen. « »Ach ja «, sagte sie, »ich verspreche dir alles, was du willst,
5 wenn du mir nur die Kugel wiederbringst. « Sie dachte aber: »Was der einfältige Frosch schwätzt, der sitzt im Wasser bei seinesgleichen und quakt, und kann keines Menschen Geselle sein. «

Der Frosch, als er die Zusage erhalten hatte, tauchte seinen Kopf unter, sank hinab, und über ein Weilchen kam er wieder heraufgerudert; hatte
10 die Kugel im Maul und warf sie ins Gras. Die Königstochter war voll Freude, als sie ihr schönes Spielwerk wieder erblickte, hob es auf und sprang damit fort. »Warte, warte «, rief der Frosch, »nimm mich mit, ich kann nicht so laufen wie du. « Aber was half ihm, daß er ihr sein quak quak so laut nachschrie, als er konnte! Sie hörte nicht darauf, eilte nach
15 Haus und hatte bald den armen Frosch vergessen, der wieder in seinen Brunnen hinabsteigen mußte.

Am andern Tage, als sie mit dem König und allen Hofleuten sich zur Tafel gesetzt hatte und von ihrem goldenen Tellerlein aß, da kam, plitsch platsch, plitsch platsch, etwas die Marmortreppe heraufgekrochen, und als
20 es oben angelangt war, klopfte es an der Tür und rief: »Königstochter, jüngste, mach mir auf. « Sie lief und wollte sehen, wer draußen wäre, als sie aber aufmachte, so saß der Frosch davor. Da warf sie die Tür hastig zu, setzte sich wieder an den Tisch, und war ihr ganz angst. Der König sah wohl, daß ihr das Herz gewaltig klopfte, und sprach: »Mein Kind, was
25 fürchtest du dich, steht etwa ein Riese vor der Tür und will dich holen? « »Ach nein «, antwortete sie, »es ist kein Riese, sondern ein garstiger Frosch. « »Was will der Frosch von dir? « »Ach lieber Vater, als ich gestern im Wald bei dem Brunnen saß und spielte, da fiel meine goldene Kugel ins Wasser. Und weil ich so weinte, hat sie der Frosch wieder herauf-
30 geholt, und weil er es durchaus verlangte, so versprach ich ihm, er sollte mein Geselle werden, ich dachte aber nimmermehr, daß er aus seinem Wasser heraus könnte. Nun ist er draußen und will zu mir herein. « Indem klopfte es zum zweitenmal und rief:

»Königstochter, jüngste,
35 mach mir auf,
weißt du nicht, was gestern
du zu mir gesagt
bei dem kühlen Brunnenwasser?
Königstochter, jüngste,
40 mach mir auf. «

geh nur (gehen) go now   hüpfte . . . herein (herein-hüpfen) jumped in
ihr immer auf dem Fuße nach staying very close to her
Heb mich herauf (herauf-heben) lift me up   zauderte (zaudern) hesitated
befahl (befehlen) commanded   Als der Frosch erst once the frog
schieb (schieben) push
zwar to be sure
ließ sichs gut schmecken (lassen) ate with great appetite
ihr blieb fast jedes Bißlein im Halse (bleiben) almost every morsel stuck in her throat
satt full   die Kammer chamber
mach . . . zurecht (zurecht-machen) make up   seiden silk

fürchtete sich vor (sich fürchten vor + dat.) was afraid of   den sie nicht anzurühren
getraute (anrühren, getrauen) which she didn't dare touch

ward = wurde (archaic form)   zornig angry   Wer whoever
die Not need   hernach afterward   verachten despise
packte (packen) picked up
kam er gekrochen (kommen, kriechen) he came crawling

Da ward sie erst bitterböse at that she really got furious   aus allen Kräften with all her might
Ruhe haben be quiet

Der he   nach ihres Vaters Willen according to the wishes of her father
der Gemahl husband   er wäre von einer bösen Hexe verwünscht worden (verwünschen) an
evil witch had cast a spell on him
erlösen release
sie = die Königstochter

bespannt (bespannen) to hitch up
die Straußfeder ostrich feather   die Kette chain
hinten in back   der Diener servant
hatte sich so betrübt (sich betrüben) was so sad   war . . . verwandelt worden (verwandeln)
had been transformed
hatte . . . legen lassen (legen, lassen) had tied
damit es ihm nicht vor Weh und Traurigkeit zerspränge (zerspringen) so that it would not
burst with sorrow

die Erlösung release
es . . . krachte (krachen) there was a noise like an explosion   als wäre etwas zerbrochen
(zerbrechen) as though something had broken   drehte er sich um (sich um-drehen) he
turned around

Da sagte der König: »Was du versprochen hast, das mußt du auch halten;
geh nur und mach ihm auf.« Sie ging und öffnete die Tür, da hüpfte der
Frosch herein, ihr immer auf dem Fuße nach, bis zu ihrem Stuhl. Da saß
er und rief: »Heb mich herauf zu dir.« Sie zauderte, bis es endlich der
5 König befahl. Als der Frosch erst auf dem Stuhl war, wollte er auf den
Tisch, und als er da saß, sprach er: »Nun schieb mir dein goldenes Tellerlein näher, damit wir zusammen essen.« Das tat sie zwar, aber man sah
wohl, daß sies nicht gerne tat. Der Frosch ließ sichs gut schmecken, aber
ihr blieb fast jedes Bißlein im Halse. Endlich sprach er: »Ich habe mich
10 satt gegessen und bin müde, nun trag mich in dein Kämmerlein und mach
dein seiden Bettlein zurecht, da wollen wir uns schlafen legen.« Die Königstochter fing an zu weinen und fürchtete sich vor dem kalten Frosch, den sie
nicht anzurühren getraute, und der nun in ihrem schönen reinen Bettlein
schlafen sollte. Der König aber ward zornig und sprach: »Wer dir ge-
15 holfen hat, als du in der Not warst, den sollst du hernach nicht verachten.«
Da packte sie ihn mit zwei Fingern, trug ihn hinauf und setzte ihn in eine
Ecke. Als sie aber im Bette lag, kam er gekrochen und sprach: »Ich bin
müde, ich will schlafen so gut wie du: heb mich herauf, oder ich sags deinem
Vater.« Da ward sie erst bitterböse, holte ihn herauf und warf ihn aus allen
20 Kräften wider die Wand: »Nun wirst du Ruhe haben, du garstiger
Frosch.«

Als er aber herabfiel, war er kein Frosch, sondern ein Königssohn mit
schönen freundlichen Augen. Der war nun nach ihres Vaters Willen ihr
lieber Geselle und Gemahl. Da erzählte er ihr, er wäre von einer bösen
25 Hexe verwünscht worden, und niemand hätte ihn aus dem Brunnen erlösen
können als sie allein, und morgen wollten sie zusammen in sein Reich gehen.
Dann schliefen sie ein, und am andern Morgen, als die Sonne sie aufweckte,
kam ein Wagen herangefahren mit acht weißen Pferden bespannt, die
hatten weiße Straußfedern auf dem Kopf und gingen in goldenen Ketten,
30 und hinten stand der Diener des jungen Königs, das war der treue Heinrich.
Der treue Heinrich hatte sich so betrübt, als sein Herr war in einen Frosch
verwandelt worden, daß er drei eiserne Bande hatte um sein Herz legen
lassen, damit es ihm nicht vor Weh und Traurigkeit zerspränge. Der Wagen
aber sollte den jungen König in sein Reich abholen; der treue Heinrich
35 hob beide hinein, stellte sich wieder hinten auf und war voller Freude über
die Erlösung. Und als sie ein Stück Wegs gefahren waren, hörte der Königssohn, daß es hinter ihm krachte, als wäre etwas zerbrochen. Da drehte er
sich um und rief:

»Heinrich, der Wagen bricht.«
40 »Nein, Herr, der Wagen nicht,

Jacob und Wilhelm Grimm

der Schmerz pain

Noch einmal once more
meinte (meinen) thought   **bräche** (brechen) was breaking
absprangen (ab-springen) snapped off

es ist ein Band von meinem Herzen,
das da lag in großen Schmerzen,
als Ihr in dem Brunnen saßt,
als Ihr eine Fretsche [Frosch] wast [wart]. «

5   Noch einmal und noch einmal krachte es auf dem Weg, und der Königssohn meinte immer, der Wagen bräche, und es waren doch nur die Bande,
die vom Herzen des treuen Heinrich absprangen, weil sein Herr erlöst und
glücklich war.

Es war einmal once upon a time there was

Nun traf es sich (sich treffen) now one day it happened   **um sich ein Ansehen zu geben** in order to impress the king

die Kunst art   **die mir wohl gefällt** (gefallen) which I like very much

geschickt talented

das Schloß castle   **auf die Probe stellen** put her to the test

Rad und Haspel spinning wheel and reel   **mache dich an die Arbeit** get to work

nicht zu Gold versponnen hast (verspinnen) have not spun into gold

schloß . . . selbst zu (zu-schließen) locked the door himself

wußte um ihr Leben keinen Rat (wissen) didn't for the life of her know what to do

gar nichts nothing at all

die Angst fear   **Da ging auf einmal die Türe auf** (auf-gehen) suddenly the door opened

-chen diminutive suffix, meaning small

Jungfer = Fräulein, Miss   **sie** you (old form of formal address, third person singular)

wenn ich dirs spinne (spinnen) if I spin it for you

schnurr whir

gezogen (ziehen) pulled   **die Spule** reel   **steckte** (stecken) mounted

so gings fort so it continued

Bei Sonnenaufgang at sunrise

erstaunte (erstaunen) was amazed   **freute sich** (sich freuen) was pleased   **noch goldgieriger** still more avaricious

ließ . . . bringen had brought

befahl ihr (befehlen) ordered

Rumpelstilzchen

Es war einmal ein Müller, der war arm, aber er hatte eine schöne Tochter. Nun traf es sich, daß er mit dem König zu sprechen kam, und um sich ein Ansehen zu geben, sagte er zu ihm: »Ich habe eine Tochter, die kann Stroh zu Gold spinnen. « Der König sprach zum Müller: »Das ist eine Kunst, die
5 mir wohl gefällt, wenn deine Tochter so geschickt ist, wie du sagst, so bring sie morgen in mein Schloß, da will ich sie auf die Probe stellen. « Als nun das Mädchen zu ihm gebracht ward, führte er es in eine Kammer, die ganz voll Stroh lag, gab ihr Rad und Haspel und sprach: »Jetzt mache dich an die Arbeit, und wenn du diese Nacht durch bis morgen früh dieses Stroh nicht
10 zu Gold versponnen hast, so mußt du sterben. « Darauf schloß er die Kammer selbst zu, und sie blieb allein darin.

Da saß nun die arme Müllerstochter und wußte um ihr Leben keinen Rat: sie verstand gar nichts davon, wie man Stroh zu Gold spinnen konnte, und ihre Angst ward immer größer, daß sie endlich zu weinen anfing. Da ging
15 auf einmal die Türe auf, und trat ein kleines Männchen herein und sprach: »Guten Abend, Jungfer Müllerin, warum weint sie so sehr? « »Ach «, antwortete das Mädchen, »ich soll Stroh zu Gold spinnen und verstehe das nicht. « Sprach das Männchen: »Was gibst du mir, wenn ich dirs spinne? « »Mein Halsband «, sagte das Mädchen. Das Männchen nahm das Hals-
20 band, setzte sich vor das Rädchen, und schnurr, schnurr, schnurr, dreimal gezogen, war die Spule voll. Dann steckte es eine andere auf, und schnurr, schnurr, schnurr, dreimal gezogen, war auch die zweite voll: und so gings fort bis zum Morgen, da war alles Stroh versponnen, und alle Spulen waren voll Gold. Bei Sonnenaufgang kam schon der König, und als er das Gold
25 erblickte, erstaunte er und freute sich, aber sein Herz ward nur noch goldgieriger. Er ließ die Müllerstochter in eine andere Kammer voll Stroh bringen, die noch viel größer war, und befahl ihr, das auch in einer Nacht

15

wenn ihr das Leben lieb wäre if she cherished her life

abermals once again

erschien (erscheinen) appeared

glänzend glittering

über die Maßen immensely   **der Anblick** sight

satt satisfied

gelingt dirs (gelingen) if you succeed   **die Gemahlin** wife

wenns auch eine Müllerstochter ist even though she is a miller's daughter

noch diesmal once more

Wer weiß, wie das noch geht who knows what may happen

in der Not in distress

verlangte (verlangen) demanded

hielt er Hochzeit (halten) celebrated his marriage

Über ein Jahr a year later   **dachte . . . an (denken an + acc.)** thought about

plötzlich suddenly

erschrak (erschrecken) was frightened   **bot . . . an (an-bieten)** offered

der Reichtum wealth

etwas Lebendes ist mir lieber something alive is more dear to me

der Schatz treasure   **jammern** to lament

das Mitleiden pity

bis dahin by then

besann sich . . . auf (sich besinnen auf + acc.) thought about

jemals ever   **schickte (schicken)** sent out   **der Bote** messenger   **sollte sich erkundigen was** to inquire

sonst noch für Namen what other names

nach der Reihe her one after the other   **bei jedem** each time

ließ . . . herumfragen had inquiries made   **die Nachbarschaft** neighborhood

ungewöhnlichsten most unusual   **seltsamsten** strangest

zu spinnen, wenn ihr das Leben lieb wäre. Das Mädchen wußte sich nicht
zu helfen und weinte, da ging abermals die Türe auf, und das kleine
Männchen erschien und sprach: »Was gibst du mir, wenn ich dir das Stroh
zu Gold spinne?« »Meinen Ring von dem Finger«, antwortete das Mädchen. Das Männchen nahm den Ring, fing wieder an zu schnurren mit dem
Rade und hatte bis zum Morgen alles Stroh zu glänzendem Gold gesponnen.
Der König freute sich über die Maßen bei dem Anblick, war aber noch
immer nicht Goldes satt, sondern ließ die Müllerstochter in eine noch
größere Kammer voll Stroh bringen und sprach: »Die mußt du noch in dieser Nacht verspinnen: gelingt dirs aber, so sollst du meine Gemahlin werden.« »Wenns auch eine Müllerstochter ist«, dachte er, »eine reichere
Frau finde ich in der ganzen Welt nicht.« Als das Mädchen allein war, kam
das Männlein zum drittenmal wieder und sprach: »Was gibst du mir, wenn
ich dir noch diesmal das Stroh spinne?« »Ich habe nichts mehr, das ich
geben könnte«, antwortete das Mädchen. »So versprich mir, wenn du
Königin wirst, dein erstes Kind.« »Wer weiß, wie das noch geht«, dachte
die Müllerstochter und wußte sich auch in der Not nicht anders zu helfen;
sie versprach also dem Männchen, was es verlangte, und das Männchen
spann dafür noch einmal das Stroh zu Gold. Und als am Morgen der
König kam und alles fand, wie er gewünscht hatte, so hielt er Hochzeit mit
ihr, und die schöne Müllerstochter ward eine Königin.

Über ein Jahr brachte sie ein schönes Kind zur Welt und dachte gar nicht
mehr an das Männchen: da trat es plötzlich in ihre Kammer und sprach:
»Nun gib mir, was du versprochen hast.« Die Königin erschrak und bot
dem Männchen alle Reichtümer des Königreichs an, wenn es ihr das Kind
lassen wollte: aber das Männchen sprach: »Nein, etwas Lebendes ist mir
lieber als alle Schätze der Welt.« Da fing die Königin so an zu jammern
und zu weinen, daß das Männchen Mitleiden mit ihr hatte: »Drei Tage will
ich dir Zeit lassen«, sprach es, »wenn du bis dahin meinen Namen weißt,
so sollst du dein Kind behalten.«

Nun besann sich die Königin die ganze Nacht über auf alle Namen, die
sie jemals gehört hatte, und schickte einen Boten über Land, der sollte sich
erkundigen weit und breit, was es sonst noch für Namen gäbe. Als am
andern Tag das Männchen kam, fing sie an mit Kaspar, Melchior, Balzer,
und sagte alle Namen, die sie wußte, nach der Reihe her, aber bei jedem
sprach das Männlein: »So heiß ich nicht.« Den zweiten Tag ließ sie in der
Nachbarschaft herumfragen, wie die Leute da genannt würden, und sagte
dem Männlein die ungewöhnlichsten und seltsamsten Namen vor: »Heißt
du vielleicht Rippenbiest oder Hammelswade oder Schnürbein?« aber es
antwortete immer: »So heiß ich nicht.« Den dritten Tag kam der Bote

keinen einzigen not a single one
um die Waldecke around the corner of the forest   Fuchs und Has fox and hare

gar zu lächerliches most ridiculous
hüpfte (hüpfen) hopped

brau (brauen) brew
übermorgen day after tomorrow   der Königin ihr Kind the queen's child

Da könnt ihr denken you can well imagine
hernach thereafter

etwa perhaps

der Teufel devil
stieß (stoßen) stomped   vor Zorn in anger
bis an den Leib up to the waist   packte (packen) grabbed   die Wut rage
riß sich selbst mitten entzwei tore himself in two

wieder zurück und erzählte: »Neue Namen habe ich keinen einzigen finden
können, aber wie ich an einen hohen Berg um die Waldecke kam, wo Fuchs
und Has sich gute Nacht sagen, so sah ich da ein kleines Haus, und vor
dem Haus brannte ein Feuer, und um das Feuer sprang ein gar zu lächer-
5 liches Männchen, hüpfte auf einem Bein und schrie:

› Heute back ich, morgen brau ich,
übermorgen hol ich der Königin ihr Kind;
ach, wie gut ist, daß niemand weiß,
daß ich Rumpelstilzchen heiß! ‹ «

10 Da könnt ihr denken, wie die Königin froh war, als sie den Namen hörte,
und als bald hernach das Männlein hereintrat und fragte: »Nun, Frau
Königin, wie heiß ich?« fragte sie erst: »Heißest du Kunz?«   »Nein. «
»Heißest du Heinz?«   »Nein. «

»Heißt du etwa Rumpelstilzchen? «

15 »Das hat dir der Teufel gesagt, das hat dir der Teufel gesagt«, schrie das
Männlein und stieß mit dem rechten Fuß vor Zorn so tief in die Erde, daß
es bis an den Leib hineinfuhr, dann packte es in seiner Wut den linken Fuß
mit beiden Händen und riß sich selbst mitten entzwei.

Exercises

I. Based on *Der Froschkönig*, to p. 9 (line 7).

A. Fill in the blanks.
1. Der König hatte eine sehr schöne _____.
2. Nahe _____ dem Schloß lag ein großer Wald.
3. Die Königstochter setzte sich an den Rand des _____.
4. Sie warf die Kugel in die _____ und fing sie wieder.
5. Die Kugel fiel ins _____.
6. Die Königstochter fing an zu _____.
7. Der Frosch sagte: »Was gibst du mir, _____ ich die Kugel wieder heraufhole?«
8. Sie versprach ihm _____, was er wollte.

B. Complete each of the following sentences with the given verb(s) in both the present and the narrative past.
1. Der König _____ (*haben*)[1] eine sehr schöne Tochter.
2. Nahe bei dem Schloß _____ (*liegen*) ein großer Wald.
3. Die Königstochter _____ (sich setzen) an den Rand des Brunnens.
4. Sie _____ (*werfen*) die Kugel in die Höhe und _____ (*fangen*) sie wieder.
5. Die Kugel _____ (*fallen*) ins Wasser.
6. Die Königstochter _____ (an-fangen) zu weinen.
7. Der Frosch _____ (sagen): »Was _____ (*geben*) du mir, wenn ich die Kugel wieder _____ (herauf-holen)?« (Second and third verb in present tense only.)
8. Sie _____ (*versprechen*) ihm alles, was er _____ (*wollen*).

C. Construct sentences in both the present and the narrative past with the given elements.
1. König / haben / sehr / schön / Tochter
2. Nahe / bei / Schloß / liegen / groß / Wald
3. Königstochter / sich setzen / an / Rand / Brunnen
4. Sie / werfen / Kugel / in / Höhe / und / fangen / sie / wieder
5. Kugel / fallen / in / Wasser
6. Königstochter / an-fangen / weinen
7. Frosch / sagen / / / was / geben / du / mir / / wenn / ich / dein / Kugel / wieder / herauf-holen? (Second and third verb in present tense only.)
8. Sie / versprechen / ihm / alles / / was / er / wollen

D. Express in German.
1. The king had a very beautiful daughter.
2. Near the castle there was a big forest.

[1] All strong and irregular verbs are set in italics. The principal parts of these verbs are given in the vocabulary.

3. The princess sat down on the edge of the well.
4. She threw the ball up in the air and caught it again.
5. The ball fell into the water.
6. The princess began to cry.
7. The frog said, "What will you give me if I retrieve the ball?"
8. She promised him everything he wanted.

E. Answer in German.
   1. Beschreiben Sie die Tochter des Königs.
   2. Was lag nahe bei dem Schloß?
   3. Wo setzte sich die Königstochter hin?
   4. Was machte sie mit der Kugel?
   5. Was machte die Königstochter, als die Kugel ins Wasser fiel?
   6. Was sagte der Frosch zu ihr?
   7. Was versprach sie dem Frosch?

F. Conversational Patterns.
   1. (1)[2] Ich habe / einen Bruder.
                   zwei Brüder.
                   eine Schwester.
                   zwei Schwestern.
                   keine Geschwister.

   2. (2) Frankfurt / liegt / am Main.
         Palo Alto   bei San Francisco.
         Chicago   am Michigansee.
         Wien   an der Donau.

   3. (3) Ich setze mich / an den Tisch.
                           auf den Stuhl.
                           in den Sessel.
                           aufs Sofa.

   4. (4) Er warf / die Hände / in die Höhe.
             den Ball
             seinen Hut

   5. (6) Sie fing an / zu tanzen.
                       zu singen.
                       zu lachen.

   6. (8) Ich / verspreche / dir alles, was du / willst.
             erlaube   willst.
             sage   wissen willst.
             gebe   brauchst.

[2]Numbers in parentheses refer to the sentence in exercise A on which the pattern is based.

II. Based on *Der Froschkönig*, p. 9 (8) to 11 (11).

A. Fill in the blanks.

    1. Der Frosch holte _____ die Kugel.

    2. Sie rannte _____ Hause und vergaß den Frosch.

    3. Am _____ Tag saßen sie am Tisch.

    4. Der Frosch klopfte an _____ Tür und rief: »Mach mir auf!«

    5. Sie warf die Tür zu, _____ sie hatte Angst.

    6. Der Vater sagte zu ihr: »_____ du versprochen hast, _____ mußt du auch halten.«

    7. Der Frosch setzte sich neben _____ und aß mit _____.

    8. Der Frosch war _____ und wollte schlafen.

B. Complete each of the following sentences with the given verb(s) in both the present and the narrative past.

    1. Der Frosch _____ (holen) ihr die Kugel.

    2. Sie _____ (*rennen*) nach Hause und _____ (*vergessen*) den Frosch.

    3. Am nächsten Tag _____ (*sitzen*) sie am Tisch.

    4. Der Frosch _____ (klopfen) an der Tür und _____ (*rufen*): »Mach mir auf!«

    5. Sie _____ (*zu-werfen*) die Tür, denn sie _____ (*haben*) Angst.

    6. Der Vater _____ (sagen) zu ihr: »Was du _____ (*versprechen*), das _____ (*müssen*) du auch halten. (Second verb in present and present perfect, last verb in present only.)

    7. Der Frosch _____ (sich setzen) neben sie und _____ (*essen*) mit ihr.

    8. Der Frosch _____ (*sein*) müde und _____ (*wollen*) schlafen.

C. Construct sentences in both the present and the narrative past with the given elements.

    1. Frosch / holen / ihr / Kugel

    2. Sie / rennen / nach / Haus / und / vergessen / Frosch

    3. An / nächst / Tag / sitzen / sie / an / Tisch

    4. Frosch / klopfen / an / Tür / und / rufen / / auf-machen / mir

    5. Sie / zu-werfen / Tür / / denn / sie / haben / Angst

    6. Vater / sagen / zu / ihr / / was / du / versprechen / / das / müssen / du / auch / halten (Second verb in present and present perfect, last verb in present only.)

    7. Frosch / sich setzen / neben / sie / und / essen / mit / ihr

    8. Frosch / sein / müde / und / wollen / schlafen

D. Express in German.

1. The frog fetched her the ball.
2. She ran home and forgot the frog.
3. The next day they were sitting at the table.
4. The frog knocked on the door and shouted, "Open up."
5. She slammed the door because she was afraid.
6. The father said to her, "What you have promised you must keep."
7. The frog sat down next to her and ate with her.
8. The frog was tired and wanted to sleep.

E. Answer in German.

1. Was machte die Königstochter, nachdem der Frosch die Kugel geholt hatte?
2. Was rief der Frosch vor der Tür?
3. Wie reagierte die Königstochter, als sie den Frosch sah?
4. Was sagte der Vater zu ihr?
5. Was wollte der Frosch tun, nachdem er gegessen hatte?

F. Conversational Patterns.

1. (1) Ich hole / dir / die Zeitung.

   euch
   ihr
   ihm
   ihnen

2. (2) Ich fahre morgen / nach Hause.

   in die Berge.
   nach Stuttgart.
   nach Österreich.
   in die Schweiz.

3. (5) Er schrie, / denn er hatte Angst.
   weil er Angst hatte.

   (5) Ich muß arbeiten, / denn ich brauche Geld.
   weil ich Geld brauche.

4. (6) Was / du brauchst, / das / schenke ich dir.
   er sagt   glaube ich nicht.
   du mir erzählst   höre ich gern.
   du erzählst   kann ich nicht glauben.

5. (8) Ich bin / müde   / und möchte / schlafen.
   hungrig   etwas essen.
   durstig   etwas trinken.
   erschöpft   mich ausruhen.

III. Based on *Der Froschkönig*, p. 11 (11) to end.

A. Fill in the blanks.

1. Sie setzte den Frosch in _____ Ecke.
2. Er kam zu _____ und sagte: »Ich will mit _____ schlafen.«
3. Sie wurde bitterböse und warf ihn _____ die Wand.
4. Was herabfiel, war kein Frosch, _____ ein Königssohn.
5. Am nächsten Tag fuhren sie in _____ Reich.
6. Der treue Heinrich holte sie mit einem Wagen _____.
7. Er war _____ über die Erlösung.

B. Complete each of the following sentences with the given verb(s) in both the present and the narrative past.

1. Sie _____ (setzen) den Frosch in eine Ecke.
2. Er _____ (*kommen*) zu ihr und _____ (*sagen*): »Ich _____ (*wollen*) mit dir schlafen.« (Last verb in present tense only.)
3. Sie _____ (*werden*) bitterböse und _____ (*werfen*) ihn gegen die Wand.
4. Was _____ (*herab-fallen*), _____ (*sein*) kein Frosch, sondern ein Königssohn.
5. Am nächsten Tag _____ (*fahren*) sie in sein Reich.
6. Der treue Heinrich _____ (ab-holen) sie mit einem Wagen.
7. Er _____ (*sein*) glücklich über die Erlösung.

C. Construct sentences in both the present and the narrative past with the given elements.

1. Sie / setzen / Frosch / in / Ecke
2. Er / kommen / zu / ihr / und / sagen / / ich / wollen / mit / dir / schlafen (Last verb in present tense only.)
3. Sie / werden / bitterböse / und / werfen / ihn / gegen / Wand
4. Was / herab-fallen / / sein / kein / Frosch / sondern / Königssohn
5. An / nächst / Tag / fahren / sie / in / sein / Reich
6. Treu / Heinrich / ab-holen / sie / mit / Wagen
7. Er / sein / glücklich / über / Erlösung

D. Express in German.

1. She set the frog in a corner.
2. He came to her and said, "I want to sleep with you."
3. She got furious and threw him against the wall.
4. What fell down was not a frog but a prince.
5. The next day they drove to his kingdom.
6. Faithful Henry picked them up with a carriage.
7. He was happy about the release.

E. Answer in German.

    1. Wo setzte die Königstochter den Frosch hin?

    2. Was sagte der Frosch, als er zu ihr kam?

    3. Wie reagierte sie darauf?

    4. Was fiel von der Wand herab?

    5. Wohin fuhren der Prinz und die Königstochter am nächsten Tag?

    6. Wer holte sie ab?

    7. Worüber war der treue Heinrich glücklich?

F. Conversational Patterns.

    1. (1) Sie setzte / das Kind auf einen Stuhl.

              die Tassen auf den Tisch.

              sich ins Auto.

    2. (3) Er / trank zuviel / und wurde / blau.

           trank Kaffee   wieder nüchtern.

           aß zuviel   dick.

           schrieb ein Buch   berühmt.

    3. (4) Es war nicht / meine Freundin / sondern / meine Schwester.

           Meyer   Schmidt.

           Hans   sein Bruder.

    4. (6) Ich hole dich / mit dem Wagen / ab.

           um vier Uhr

           am Bahnhof

           von der Universität

IV. Based on *Rumpelstilzchen*, to p. 17 (line 22).

A. Fill in the blanks.

    1. Der Müller sagte zum König, daß seine Tochter Stroh _____ Gold spinnen kann.

    2. Der König wollte das Mädchen auf die _____ stellen.

    3. Er führte das Mädchen in eine Kammer, die ganz voll _____ lag.

    4. Der König befahl _____, das Stroh zu Gold zu verspinnen.

    5. Die Müllerstochter wußte _____ ihr Leben keinen Rat.

    6. Ihre Angst wurde immer _____, und sie fing an zu weinen.

    7. Ein kleines Männlein kam herein und half _____.

    8. _____ der König das Gold sah, freute er sich und wurde noch goldgieriger.

    9. Er ließ das Mädchen in eine _____ Kammer bringen.

10. _____ erschien das Männlein und half dem Mädchen.
11. Am _____ Abend versprach die Müllerstochter dem Männlein ihr _____ Kind.
12. Der König heiratete die Müllerstochter, und sie wurde eine _____.

B. Complete each of the following sentences with the given verb(s) in both the present and the narrative past.

1. Der Müller _____ (sagen) zum König, daß seine Tochter Stroh zu Gold spinnen _____ (können). (Second verb in present only.)
2. Der König _____ (wollen) das Mädchen auf die Probe stellen.
3. Der König _____ (führen) das Mädchen in eine Kammer, die ganz voll Stroh _____ (liegen).
4. Der König _____ (befehlen) ihr, das Stroh zu Gold zu verspinnen.
5. Die Müllerstochter _____ (wissen) um ihr Leben keinen Rat.
6. Ihre Angst _____ (werden) immer größer, und sie _____ (an-fangen) zu weinen.
7. Ein kleines Männlein _____ (herein-kommen) und _____ (helfen) ihr.
8. Als der König das Gold _____ (sehen), _____ (sich freuen) er und _____ (werden) noch goldgieriger.
9. Er _____ (lassen) das Mädchen in eine andere Kammer bringen.
10. Abermals _____ (erscheinen) das Männlein und _____ (helfen) dem Mädchen.
11. Am dritten Abend _____ (versprechen) die Müllerstochter dem Männlein ihr erstes Kind.
12. Der König _____ (heiraten) die Müllerstochter und sie _____ (werden) eine Königin.

C. Construct sentences in both the present and the narrative past with the given elements.

1. Müller / sagen / zu / König / / daß / sein / Tochter / Stroh / zu / Gold / spinnen / können (Second verb in present only.)
2. König / wollen / Mädchen / auf / Probe / stellen
3. König / führen / Mädchen / in / Kammer / / die / ganz / voll / Stroh / liegen
4. König / befehlen / ihr / / Stroh / zu / Gold / verspinnen
5. Müllerstochter / wissen / um / ihr / Leben / kein / Rat
6. Ihr / Angst / werden / immer / größer / / und / sie / an-fangen / weinen
7. Klein / Männlein / herein-kommen / und / helfen / ihr
8. Als / König / Gold / sehen / / sich freuen / er / und / werden / noch / goldgieriger

9. Er / lassen / Mädchen / in / ander / Kammer / bringen
10. Abermals / erscheinen / Männlein / und / helfen / Mädchen
11. An / dritt / Abend / versprechen / Müllerstochter / Männlein / ihr / erst / Kind
12. König / heiraten / Müllerstochter / / und / sie / werden / Königin

D. Express in German.

1. The miller said to the king that his daughter could spin straw to gold.
2. The king wanted to put the girl to the test.
3. The king led the girl to a chamber that was all filled with straw.
4. The king ordered the girl to spin the straw to gold.
5. The miller's daughter did not for the life of her know what to do.
6. She got more and more frightened and began to cry.
7. A little man came in and helped her.
8. When the king saw the gold, he was happy and became more greedy.
9. He had the girl brought into another chamber.
10. Again the little man appeared and helped the girl.
11. On the third evening the miller's daughter promised the man her first child.
12. The king married the miller's daughter, and she became a queen.

E. Answer in German.

1. Was sagte der Müller zum König?
2. Was machte der König mit dem Mädchen?
3. Was befahl er ihr?
4. Was geschah, als sie anfing zu weinen?
5. Wie reagierte der König, als er das Gold sah?
6. Was versprach das Mädchen dem Männlein am dritten Abend?

F. Conversational Patterns.

1. (3) Sein Zimmer lag ganz voll von / Büchern.
              alten Zeitungen.
              Weinflaschen.

2. (4) Ihr Vater befahl ihr, / zu Hause zu bleiben.
              nicht wieder allein in die Stadt zu gehen.
              die Hausaufgaben zu machen.

3. (5) Wir wußten um unser Leben / keinen Rat.
              nicht, was wir machen sollten.
              keine Lösung.

4. (7) Sie hilft / ihren Freunden / gern.
    ihrem Freund
    ihrer Freundin
    euch
    uns
    dir

5. (8) Als sie ankam, / waren wir sehr glücklich.
    Wenn sie ankam,

    Als sie abfuhr, / waren wir alle traurig.
    Wenn sie abfuhr,

6. (12) Er studierte / Medizin / und wurde / Arzt.
    Jura   Rechtsanwalt.
    Germanistik   Germanist.
    Theologie   Theologe.

V. Based on *Rumpelstilzchen*, p. 17 (23) to end.

A. Fill in the blanks.

   1. Die Königin brachte ein Kind zur Welt und dachte nicht mehr _____
      das Männlein.
   2. Sie bot dem Männlein alle Reichtümer des Königreichs _____.
   3. »Wenn du in drei Tagen meinen _____ weißt, so sollst du dein Kind
      behalten.«
   4. Der _____ sollte sich erkundigen, was es für Namen gäbe.
   5. Am dritten Tag kam der Bote _____ und erzählte, was er gesehen
      hatte.
   6. Das Männlein sprang _____ das Feuer und schrie: »Ich heiße Rum-
      pelstilzchen.«
   7. Die Königin war _____, als sie den Namen hörte.
   8. In seiner _____ riß sich das Männlein entzwei.

B. Complete each of the following sentences with the given verb(s) in both
   the present and the narrative past.

   1. Die Königin _____ (*bringen*) ein Kind zur Welt und _____ (*denken*)
      nicht mehr an das Männlein.
   2. Sie _____ (*an-bieten*) dem Männlein alle Reichtümer des Königreichs.
   3. »Wenn du in drei Tagen meinen Namen _____ (*wissen*), so _____
      (*sollen*) du dein Kind behalten. (Present tense only.)
   4. Der Bote _____ (*sollen*) sich erkundigen, was es für Namen _____
      (*geben*). (Second verb in present tense only, either indicative or subjunctive.)

5. Am dritten Tag _____ (*zurück-kommen*) der Bote und _____ (*erzählen*), was er _____ (*sehen*). (Last verb in present perfect and past perfect.)

6. Das Männlein _____ (*springen*) um das Feuer und _____ (*schreien*): »Ich _____ (*heißen*) Rumpelstilzchen.« (Last verb in present tense only.)

7. Die Königin _____ (*sein*) glücklich, als sie den Namen _____ (hören).

8. In seiner Wut _____ (*sich entzwei-reißen*) das Männlein.

C. Construct sentences in both the present and the narrative past with the given elements.

1. Königin / bringen / Kind / zu / Welt / und / denken / nicht mehr / an Männlein

2. Sie / an-bieten / Männlein / all / Reichtümer / Königreich

3. Wenn / du / in / drei / Tag / mein / Name / wissen / / so / sollen / du / dein / Kind / behalten (Present tense only.)

4. Bote / sollen / sich erkundigen / / was es für / Name / geben (Second verb in present tense only, either indicative or subjunctive.)

5. An / dritt / Tag / zurück-kommen / Bote / und / erzählen / / was / er / sehen (Last verb in present perfect and past perfect.)

6. Männlein / springen / um / Feuer / und / schreien / / ich / heißen / Rumpelstilzchen (Last verb in present tense only.)

7. Königin / sein / glücklich / / als / sie / Name / hören

8. In / sein / Wut / sich entzwei-reißen / Männlein

D. Express in German.

1. The queen bore a child and didn't think about the little man anymore.
2. She offered the little man all the riches of the kingdom.
3. If you know my name within three days, you shall keep your child.
4. The messenger was to inquire what names there are.
5. The third day the messenger returned and told what he had seen.
6. The little man danced around the fire and shouted, "My name is Rumpelstilzchen."
8. In his rage the little man tore himself in two.

E. Answer in German.

1. Was geschah nach einem Jahr?
2. An wen dachte die Königin nicht mehr?
3. Was bot die Königin dem Männlein an?
4. Was sagte das Männlein der Königin?
5. Wonach sollte der Bote sich erkundigen?
6. Was hatte der Bote gesehen?
7. Wie reagierte die Königin, als sie den Namen hörte?
8. Was machte das Männlein in seiner Wut?

F. Conversational Patterns.

   1. (1) Ich denke oft an / dich.
                              sie.
                              ihn.
                              euch.
                              meinen Freund.

   2. (3) Wenn du mir hilfst, / helfe ich dir auch.
                                 werde ich schneller fertig.
                                 bin ich dir ewig dankbar.

   3. (4) Ich möchte mich erkundigen, / wann der Zug nach Bonn abfährt.
                                         wann der Zug aus Bonn ankommt.
                                         wo der Bahnhof ist.

   4. (7) Wir waren froh, als / wir wieder zu Hause waren.
                                die Sonne endlich schien.
                                es zu regnen aufhörte.

   5. (8) In seiner Wut riß er / den Brief / entzwei
                                  das Photo
                                  das Buch

PETER BICHSEL

The two narratives printed here are from *Kindergeschichten* by the Swiss writer Peter Bichsel. The stories are simple in style and humorous in character, designed to appeal to children and adults alike. It is no surprise, therefore, that since their appearance in 1969, they have found many friends in many countries. But the simplicity is deceptive. These children's stories are, in fact, sophisticated appraisals of modern man and the world he has created for himself.

Bichsel is a linguist as well as a social critic. His stories are satirical commentaries on conventional uses of language as well as on the social system that has created such conventions. In telling these stories Bichsel exposes daily communication as empty ritual and modern civilization as a system of verbal and social pretensions that suppress and destroy individuality.

Der Erfinder portrays a man who strives to keep alive his spirit of inquiry within a world obsessed with technology. He continues to ask fundamental questions; he rediscovers the world every day, and every day he renews his vital relationship with what he sees and feels. He believes that inventing is his true vocation, and he remains faithful to his calling. Inventing, however, requires time. It requires originality, thought, patience, and solitude, but above all, time. When the inventor, after a period of creative isolation, comes back to the civilized world, he finds that he is now a misfit. Rituals of noncommunication have replaced communication—"er wußte nicht mehr, wie man ein Gespräch beginnt" —and daily life proceeds in mechanized conformity—"aber da schaltete die Ampel auf Grün, und sie mußten gehen." The inventor, because he wanted to be an inventor rather than an engineer, a technician, or a mechanic, has fallen out of step. And like a clown in a circus, he ap-

pears strange and funny because of the clumsiness and oddity of his efforts to deal with the world around him.

The story of *Der Erfinder*, like the following story, *Amerika gibt es nicht*, challenges us to reexamine again and again our use of language and our relationship to the world around us. Do we really know the things we see every day? Do we express correctly that which we do know? We must continually ask questions about our perceptions and not be afraid to reexamine and to rethink basics, to "reinvent the wheel," as it were, if we want to be connected with our environment intelligently. Even at the risk of being called a "Lügner," "Schwindler," and

"Phantast," like the narrator of *Amerika gibt es nicht*, we must continue to challenge the assumptions that there is a place called "America," if only for the sake of rediscovering the true America.

Amerika gibt es nicht, like *Der Erfinder*, is humorous, and it too questions conventional assumptions, perhaps more deeply. The king of Spain is surrounded by mechanical puppets who spout conventional verbiage "und sonst nichts." Then comes the boy Colombin who sees the world through naive and uncorrupted eyes. Through his original and wondrous perceptions Colombin not only elicits a beautiful smile from the grotesque and ugly court jester Hänschen but also wins the favor of the king. At first Colombin has no pretensions—"Ich will nichts werden, ich bin schon etwas, ich bin Colombin"—but finally even he loses his innocence and tells a lie: he claims to have discovered America. By casting doubt on the honesty of Colombin and the discovery of America, Bichsel questions not only America but what it stands for: the images and expectations, the conventions and concepts, that have come to be associated with the New World. Lest these notions—for example, that America is the land of the free—be proved meaningless labels, Europeans and Americans alike must turn assumption into reality by making sure that the two coincide.

Questions for Thought and Discussion

Bichsel's stories are imbued with the freshness and spirit of discovery that children experience when they first become aware of the world around them. The question is, are these stories for children? What childlike attitudes does the author call for?

As in so many simple narratives, the comparison to fairy tales is almost inevitable. In what way do these stories resemble fairy tales? In what way are they different?

Why is it important for the "Erfinder" to remain an "Erfinder"? Is his activity worthwhile? Does he make a meaningful contribution to the world in which he lives?

What are the conventions Bichsel questions in *Amerika gibt es nicht*? How does his depiction of fifteenth-century Spain compare with twentieth-century America as you know it?

Court jesters are often depicted in literature as more knowing, indeed wiser, than the society in which they live. Is this the case here?

Toward the end of *Amerika gibt es nicht*, Bichsel satirizes Europeans' stereotyped views of America. If the situation were reversed and Bichsel were writing of American tourists who had visited Europe, what popular views that Americans have of Europe could he present?

der Erfinder inventor

der Beruf profession   selten rare
gibt es ihn überhaupt nicht mehr it no longer exists at all   werden . . . erfunden (erfinden)
are invented

der Schreiner carpenter   der Maurer mason

Früher in the old days   gab es (es gibt) there were
die Glühbirne light bulb   damals at that time

der Filmaufnahmeapparat camera
abspielen run off
wären wir we would be

noch einer another one

die Ruhe quiet

der Besuch visitors
berechnete (berechnen) calculated   zeichnete (zeichnen) drafted   stundenlang for hours
legte seine Stirn in Falten (legen) furrowed his brow
fuhr sich mit der Hand immer wieder übers Gesicht (fahren) ran his hand across his face
again and again
zerriß sie (zerreißen) tore them up
von neuem from the beginning   mürrisch und schlecht gelaunt sulky and in a bad mood
nicht gelang (gelingen) didn't work out

34

Der Erfinder

Erfinder ist ein Beruf, den man nicht lernen kann; deshalb ist er selten;
heute gibt es ihn überhaupt nicht mehr. Heute werden die Dinge nicht mehr
von Erfindern erfunden, sondern von Ingenieuren und Technikern, von
Mechanikern, von Schreinern auch, von Architekten und von Maurern; aber
5 die meisten erfinden nichts.

Früher aber gab es noch Erfinder. Einer von ihnen hieß Edison. Er erfand die Glühbirne und das Grammophon, das damals Phonograph hieß, er
erfand das Mikrophon und baute das erste Elektrizitätswerk der Welt, er
baute einen Filmaufnahmeapparat und einen Apparat, mit dem man die
10 Filme abspielen konnte.

1931 starb er. Ohne ihn wären wir ohne Glühbirnen. So wichtig sind
Erfinder. Der letzte starb im Jahre 1931.

1890 wurde zwar noch einer geboren, und der lebt noch. Niemand kennt
ihn, weil er jetzt in einer Zeit lebt, in der es keine Erfinder mehr gibt.
15 Seit dem Jahre 1931 ist er allein.

Das weiß er nicht, weil er schon damals nicht mehr hier in der Stadt
wohnte und nie unter die Leute ging; denn Erfinder brauchen Ruhe.

Er wohnte weit weg von der Stadt, verließ sein Haus nie und hatte selten
Besuch.

20 Er berechnete und zeichnete den ganzen Tag. Er saß stundenlang da, legte
seine Stirn in Falten, fuhr sich mit der Hand immer wieder übers Gesicht und
dachte nach.

Dann nahm er seine Berechnungen, zerriß sie und warf sie weg und begann
wieder von neuem, und abends war er mürrisch und schlecht gelaunt, weil
25 die Sache wieder nicht gelang.

Er fand niemanden, der seine Zeichnungen begriff, und es hatte für ihn

versteckte (verstecken) hid
abschreiben copy
auslachen ridicule

wußte nichts davon (wissen) was unaware of the fact

prüfte sie nach (nach-prüfen) checked them
sie stimmten (stimmen) they were right
zum ersten Mal for the first time
hatte sich völlig verändert (sich verändern) had changed completely
das Warenhaus department store
die Rolltreppe escalator   **die Eisenbahn** train   **der Dampf** steam
die Straßenbahn street car
das Kästchen little box

staunte (staunen) was astonished

der Kühlschrank refrigerator

fast almost   **dabei** in so doing

Als sie ihm wieder einfiel (ein-fallen) when it occurred to him again   **ging . . . zu**
(zu-gehen auf) approached

Es ist nämlich it is, you know
die Ampel traffic light
kennt man sich nicht mehr aus (sich aus-kennen) you don't know your way around any more

wohin man mit ihr soll (sollen) what to do with it

keinen Sinn, mit den Leuten zu sprechen. Seit über vierzig Jahren saß er hinter seiner Arbeit, und wenn ihn einmal jemand besuchte, versteckte er seine Pläne, weil er fürchtete, man könnte von ihm abschreiben, und weil er fürchtete, man könnte ihn auslachen.

5   Er ging früh zu Bett, stand früh auf und arbeitete den ganzen Tag. Er bekam keine Post, las keine Zeitungen und wußte nichts davon, daß es Radios gibt.

Und nach all den Jahren kam der Abend, an dem er nicht schlecht gelaunt war, denn er hatte seine Erfindung erfunden, und er legte sich jetzt überhaupt
10 nicht mehr schlafen. Tag und Nacht saß er über seinen Plänen und prüfte sie nach, und sie stimmten.

Dann rollte er sie zusammen und ging nach Jahren zum ersten Mal in die Stadt. Sie hatte sich völlig verändert.

Wo es früher Pferde gab, da gab es jetzt Automobile, und im Warenhaus
15 gab es eine Rolltreppe, und die Eisenbahnen fuhren nicht mehr mit Dampf. Die Straßenbahnen fuhren unter dem Boden und hießen jetzt Untergrundbahnen, und aus kleinen Kästchen, die man mit sich tragen konnte, kam Musik.

Der Erfinder staunte. Aber weil er ein Erfinder war, begriff er alles sehr
20 schnell.

Er sah einen Kühlschrank und sagte: »Aha.«

Er sah ein Telefon und sagte: »Aha.«

Und als er rote und grüne Lichter sah, begriff er, daß man bei Rot warten muß und bei Grün gehen darf.
25 Und er wartete bei Rot und ging bei Grün.

Und er begriff alles, aber er staunte, und fast hätte er dabei seine eigene Erfindung vergessen.

Als sie ihm wieder einfiel, ging er auf einen Mann zu, der eben bei Rot wartete und sagte: »Entschuldigen Sie, mein Herr, ich habe eine Erfindung
30 gemacht.«

Und der Herr war freundlich und sagte: »Und jetzt, was wollen Sie?«

Und der Erfinder wußte es nicht.

»Es ist nämlich eine wichtige Erfindung«, sagte der Erfinder, aber da schaltete die Ampel auf Grün, und sie mußten gehen.
35 Wenn man aber lange nicht mehr in der Stadt war, dann kennt man sich nicht mehr aus, und wenn man eine Erfindung gemacht hat, weiß man nicht, wohin man mit ihr soll.

Was hätten die Leute sagen sollen, zu denen der Erfinder sagte: »Ich habe eine Erfindung gemacht.«
40 Die meisten sagten nichts, einige lachten den Erfinder aus, und einige gingen weiter, als hätten sie nichts gehört.

das Gespräch conversation   als erstes as an opener

unmöglich impossible   Sie hey you

eigenartig unique

geschieht (geschehen) happens
sprang auf (auf-springen) jumped off his seat   breitete . . . aus (aus-breiten) spread out
Hier schaut mal (schauen) hey look here

taten so, als (tun) acted as if   stiegen ein und aus (ein-steigen, aus-steigen) got in and out
of the bus

Der = er   das Fernsehen television

bestellte (bestellen) ordered
der Nachbar neighbor

schaute . . . an (an-schauen) looked at

zeigte (zeigen) pointed   die Ecke corner

einstellen turn on

ließ er liegen (liegen-lassen) left behind
achtete nicht mehr auf (achten auf) paid no more attention to
schimpften (schimpfen) shouted   tippten mit dem Finger an die Stirn (tippen) common
German gesture indicating that someone is an idiot

Seither since then

Weil der Erfinder lange nicht mehr mit Leuten gesprochen hatte, wußte er auch nicht mehr, wie man ein Gespräch beginnt. Er wußte nicht, daß man als erstes sagt: »Bitte, können Sie mir sagen, wie spät es ist?« oder daß man sagt: »Schlechtes Wetter heute.«

5 Er dachte gar nicht daran, daß es unmöglich ist, einfach zu sagen: »Sie, ich habe eine Erfindung gemacht«, und als in der Straßenbahn jemand zu ihm sagte: »Ein sonniger Tag heute«, da sagte er nicht: »Ja, ein wunderschöner Tag«, sondern er sagte gleich: »Sie, ich habe eine Erfindung gemacht.«

Er konnte an nichts anderes mehr denken, denn seine Erfindung war eine
10 große, sehr wichtige und eigenartige Erfindung. Wenn er nicht ganz sicher gewesen wäre, daß seine Pläne stimmten, dann hätte er selbst nicht daran glauben können.

Er hatte einen Apparat erfunden, in dem man sehen konnte, was weit weg geschieht.

15 Und er sprang auf in der Straßenbahn, breitete seine Pläne zwischen den Beinen der Leute auf dem Boden aus und rief: »Hier schaut mal, ich habe einen Apparat erfunden, in dem man sehen kann, was weit weg geschieht.«

Die Leute taten so, als wäre nichts geschehen, sie stiegen ein und aus, und der Erfinder rief: »Schaut doch, ich habe etwas erfunden. Sie können damit
20 sehen, was weit weg geschieht.«

»Der hat das Fernsehen erfunden«, rief jemand, und alle lachten.

»Warum lachen Sie?« fragte der Mann, aber niemand antwortete, und er stieg aus, ging durch die Straßen, blieb bei Rot stehen und ging bei Grün weiter, setzte sich in ein Restaurant und bestellte einen Kaffee, und als sein
25 Nachbar zu ihm sagte: »Schönes Wetter heute«, da sagte der Erfinder: »Helfen Sie mir doch, ich habe das Fernsehen erfunden, und niemand will es glauben—alle lachen mich aus.« Und sein Nachbar sagte nichts mehr. Er schaute den Erfinder lange an, und der Erfinder fragte: »Warum lachen die Leute?« »Sie lachen«, sagte der Mann, »weil es das Fernsehen schon lange
30 gibt und weil man das nicht mehr erfinden muß«, und er zeigte in die Ecke des Restaurants, wo ein Fernsehapparat stand, und fragte: »Soll ich ihn einstellen?«

Aber der Erfinder sagte: »Nein, ich möchte das nicht sehen.« Er stand auf und ging.

35 Seine Pläne ließ er liegen.

Er ging durch die Stadt, achtete nicht mehr auf Grün und Rot, und die Autofahrer schimpften und tippten mit dem Finger an die Stirn.

Seither kam der Erfinder nie mehr in die Stadt.
Er ging nach Hause und erfand jetzt nur noch für sich selbst.

der Bogen sheet

sein Leben lang all his life   **richtig** genuine

Er nahm einen Bogen Papier, schrieb darauf »Das Automobil«, rechnete und zeichnete wochenlang und monatelang und erfand das Auto noch ein-
5 mal, dann erfand er die Rolltreppe, er erfand das Telefon, und er erfand den Kühlschrank. Alles, was er in der Stadt gesehen hatte, erfand er noch einmal.

Und jedes Mal, wenn er eine Erfindung gemacht hatte, zerriß er die Zeichnungen, warf sie weg und sagte: »Das gibt es schon.«
10 Doch er blieb sein Leben lang ein richtiger Erfinder, denn auch Sachen, die es gibt, zu erfinden, ist schwer, und nur Erfinder können es.

mehrmals several times

phantasieren make things up

betrügen are deceitful

Das beeindruckte ihn nicht (beeindrucken) this made no impression on him   Er erzählte ruhig weiter (erzählen) he kept right on telling the story

schüttelte (schütteln) shook   traurig sadly

mich fast schämte (sich schämen) almost felt ashamed

versprach (versprechen) promise   um ihn zu trösten in order to console him

vor fünfhundert Jahren five hundred years ago

die Seide silk   der Samt velvet   der Bart beard   die Kerze candle

der Diener servant   die Magd servant girl   der Höfling courtier   sich . . . gegenseitig die Degen in die Bäuche rennen run swords into each other's bellies

der Fehdehandschuh gauntlet

der Turm tower   der Wächter sentinel

der Bote messenger

gefährlich dangerous

wie man auch lebt no matter how one lives

in Saus und Braus high on the hog   die Armut poverty

man langweilt sich (sich langweilen) one is bored

stellen sich . . . vor (sich vor-stellen) imagine

leiden darunter suffer from the fact

Amerika gibt es nicht

Ich habe die Geschichte von einem Mann, der Geschichten erzählt. Ich habe
ihm mehrmals gesagt, daß ich seine Geschichte nicht glaube.

»Sie lügen«, habe ich gesagt, »Sie schwindeln, Sie phantasieren, Sie
betrügen.«

5   Das beeindruckte ihn nicht. Er erzählte ruhig weiter, und als ich rief: »Sie
Lügner, Sie Schwindler, Sie Phantast, Sie Betrüger!«, da schaute er mich
lange an, schüttelte den Kopf, lächelte traurig und sagte dann so leise, daß
ich mich fast schämte: »Amerika gibt es nicht.«

Ich versprach ihm, um ihn zu trösten, seine Geschichte aufzuschreiben:

10   Sie beginnt vor fünfhundert Jahren am Hofe eines Königs, des Königs von
Spanien. Ein Palast, Seide und Samt, Gold, Silber, Bärte, Kronen, Kerzen,
Diener und Mägde; Höflinge, die sich im Morgengrauen gegenseitig die
Degen in die Bäuche rennen, die sich am Abend zuvor den Fehdehandschuh
vor die Füße geschmissen haben. Auf dem Turm fanfarenblasende Wächter.
15   Und Boten, die vom Pferd springen, und Boten, die sich in den Sattel werfen,
Freunde des Königs und falsche Freunde, Frauen, schöne und gefährliche,
und Wein und um den Palast herum Leute, die nichts anderes wußten, als all
das zu bezahlen.

Aber auch der König wußte nichts anderes, als so zu leben, und wie man
20   auch lebt, ob in Saus und Braus oder Armut, ob in Madrid, Barcelona oder
irgendwo, am Ende ist es doch täglich dasselbe, und man langweilt sich.
So stellen sich die Leute, die irgendwo wohnen, Barcelona schön vor, und die
Leute von Barcelona möchten nach Irgendwo reisen.

Die Armen stellen es sich schön vor, wie der König zu leben, und leiden
25   darunter, daß der König glaubt, arm sein sei für die Armen das richtige.

Am Morgen steht der König auf, am Abend geht der König ins Bett, und

die Sorgen worries

prunkvoll sumptuous
die Verbeugung bow   **gleich** equally
ist daran gewöhnt (gewöhnen) is used to it   **nicht einmal** not even
schiebt ihm den Stuhl zu (zu-schieben) holds the chair for him

der Trottel dope   **der Schafskopf** blockhead

der Hofnarr court jester

bringt er sie um oder so (um-bringen) he does away with them or something like that

verdrehte (verdrehen) garbled
lustig funny

blöd idiotic

Schafft mir den Narren vom Hals (schaffen) get this fool off my back

gefiel dem König (gefallen) the king liked

der Fürst prince   **der Herzog** duke   **der Freiherr** baron
der Ritter knight   **Honig strich** (streichen) smeared honey

schrecklichst most horrible
dünn und dick zugleich thin and fat all at once
das O-Bein bowleg   **absichtlich** intentionally
stumm dumb

Das Gräßlichste the ugliest thing
gläsern vitreous   **gluckste hoch** (hoch-glucksen) gurgled up   **ging langsam über in ein**
Rülpsen (über-gehen) slowly turned into a belch
ließ ihn fast ersticken (lassen) almost choked him
losplatzte (los-platzen) burst out   **dröhnte** (dröhnen) howled   **stampfte** (stampfen)
stamped his feet
freute sich daran (sich freuen an + dat.) enjoyed the whole affair
bleich pale   **zittern** tremble
sperrten . . . zu (zu-sperren) locked

tagsüber langweilt er sich mit seinen Sorgen, mit seinen Dienern, seinem Gold, Silber, Samt, seiner Seide, langweilt sich mit seinen Kerzen. Sein Bett ist prunkvoll, aber man kann darin auch nicht viel anderes tun als schlafen.

Die Diener machen am Morgen tiefe Verbeugungen, jeden Morgen gleich
5 tief, der König ist daran gewöhnt und schaut nicht einmal hin. Jemand gibt ihm die Gabel, jemand gibt ihm das Messer, jemand schiebt ihm den Stuhl zu, und die Leute, die mit ihm sprechen, sagen Majestät und sehr viele schöne Worte dazu und sonst nichts.

Nie sagt jemand zu ihm: »Du Trottel, du Schafskopf«, und alles, was sie
10 ihm heute sagen, haben sie ihm gestern schon gesagt.

So ist das.

Und deshalb haben Könige Hofnarren.

Die dürfen tun, was sie wollen, und sagen, was sie wollen, um den König zum Lachen zu bringen, und wenn er über sie nicht mehr lachen kann, bringt
15 er sie um oder so.

So hatte er einmal einen Narren, der verdrehte die Worte. Das fand der König lustig. Der sagte »Stajesmät« statt »Majestät«, der sagte »Lapast« statt »Palast« und »Tuten Gat« statt »Guten Tag«.

Ich finde das blöd, der König fand das lustig. Ein ganzes halbes Jahr
20 lang fand er es lustig, bis zum 7. Juli, und am achten, als er aufstand und der Narr kam und »Tuten Gat, Stajesmät« sagte, sagte der König: »Schafft mir den Narren vom Hals!«

Ein anderer Narr, ein kleiner dicker, Pepe hieß der, gefiel dem König sogar nur vier Tage lang, der brachte den König damit zum Lachen, daß er
25 auf die Stühle der Damen und Herren, der Fürsten, Herzöge, Freiherren und Ritter Honig strich. Am vierten Tag strich er Honig auf den Stuhl des Königs, und der König mußte nicht mehr lachen, und Pepe war kein Narr mehr.

Nun kaufte sich der König den schrecklichsten Narren der Welt. Häßlich
30 war er, dünn und dick zugleich, lang und klein zugleich, und sein linkes Bein war ein O-Bein. Niemand wußte, ob er sprechen konnte und absichtlich nicht sprach oder ob er stumm war. Sein Blick war böse, sein Gesicht mürrisch; das einzig Liebliche an ihm war sein Name: er hieß Hänschen.

Das Gräßlichste aber war sein Lachen.

35 Es begann ganz klein und gläsern ganz tief im Bauch, gluckste hoch, ging langsam über in ein Rülpsen, machte Hänschens Kopf rot, ließ ihn fast ersticken, bis er losplatzte, explodierte, dröhnte, schrie; dann stampfte er dazu und tanzte und lachte; und nur der König freute sich daran, die andern wurden bleich, begannen zu zittern und fürchteten sich. Und wenn die
40 Leute rings um das Schloß das Lachen hörten, sperrten sie Türen und Fen-

die Läden shutters   verschlossen (verschließen) here: stuffed

das Fürchterlichste the most awful thing

ich hänge Dich auf (auf-hängen) I'll string you up
brüllte los (los-brüllen) roared with laughter   wie noch nie as never before
beschloß (beschließen) decided
der Galgen gallows   es war ihm ernst mit seinem Beschluß he really meant it
befahl (befehlen) ordered
das Schauspiel spectacle   verriegelten (verriegeln) bolted
der Henker hangman
der Knecht here: foot soldier
holt . . . her (her-holen) fetch

zornig angry
der Knabe young boy   schleppten (schleppen) dragged
schüchtern bashful   wies auf (weisen auf + acc.) pointed to

klatschte in die Hände (klatschen) clapped his hands
das Bänklein little bench
die Taube pigeon

Hänschen heißt er also so his name is Hänschen

überrascht surprised   fuhr fort (fort-fahren) continued
Mir gefällt sein Lachen nicht besonders (gefallen) I don't particularly like his laugh
hat . . . erschreckt (erschrecken) scared
das Gehör sense of hearing
laufen lassen let go
überlegte (überlegen) thought it over   scher dich zum Teufel go to hell

ster zu, schlossen die Läden, brachten die Kinder zu Bett und verschlossen sich die Ohren mit Wachs.

Hänschens Lachen war das Fürchterlichste, was es gab.

Der König konnte sagen, was er wollte, Hänschen lachte.

5 Der König sagte Dinge, über die niemand lachen kann, aber Hänschen lachte. Und eines Tages sagte der König: »Hänschen, ich hänge Dich auf. « Und Hänschen lachte, brüllte los, lachte wie noch nie.

Da beschloß der König, daß Hänschen morgen gehängt werden soll. Er ließ einen Galgen bauen, und es war ihm ernst mit seinem Beschluß, er wollte 10 Hänschen vor dem Galgen lachen hören. Dann befahl er allen Leuten, sich das böse Schauspiel anzuschauen. Die Leute versteckten sich aber und verriegelten ihre Türen, und am Morgen war der König mit dem Henker, mit den Knechten und dem lachenden Hänschen allein.

Und er schrie seinen Knechten zu: »Holt mir die Leute her! « Die 15 Knechte suchten die ganze Stadt ab und fanden niemanden, und der König war zornig, und Hänschen lachte.

Da endlich fanden die Knechte einen Knaben, den schleppten sie vor den König. Der Knabe war klein, bleich und schüchtern, und der König wies auf den Galgen und befahl ihm, zuzuschauen.

20 Der Knabe schaute zum Galgen, lächelte, klatschte in die Hände, staunte und sagte dann: »Sie müssen ein guter König sein, daß sie ein Bänklein für die Tauben bauen; sehn Sie, zwei haben sich bereits darauf gesetzt. «

»Du bist ein Trottel «, sagte der König, »wie heißt Du? «

»Ich bin ein Trottel, Herr König und heiße Colombo, meine Mutter 25 nennt mich Colombin. «

»Du Trottel «, sagte der König, »hier wird jemand gehängt. «

»Wie heißt er denn? « fragte Colombin, und als er den Namen hörte, sagte er: »Ein schöner Name, Hänschen heißt er also. Wie kann man einen Mann, der so schön heißt, aufhängen? «

30 »Er lacht so gräßlich «, sagte der König, und er befahl dem Hänschen zu lachen, und Hänschen lachte doppelt so gräßlich wie gestern.

Colombin staunte, dann sagte er: »Herr König, finden Sie das gräßlich? « Der König war überrascht und konnte nicht antworten, und Colombin fuhr fort: »Mir gefällt sein Lachen nicht besonders, aber die Tauben sitzen 35 immer noch auf dem Galgen; es hat sie nicht erschreckt; sie finden das Lachen nicht gräßlich. Tauben haben ein feines Gehör. Man muß Hänschen laufen lassen. «

Der König überlegte und sagte dann: »Hänschen, scher dich zum Teufel. «

40 Und Hänschen sprach zum ersten Mal ein Wort. Er sagte zu Colombin:

das Lächeln smilc

der Graf count

es machte ihm nichts aus (aus-machen) he didn't mind
gescheit clever
mutig bold   der Pfarrer preacher
fromm pious   fleißig hard-working
kämpf mit mir (kämpfen) let's have a fight

Wieviel gibt (geben) how much is

Getraust du dich (sich getrauen) do you dare   der Bach brook

ledern leathery
entdeckt (entdecken) discovers

der Saal hall

den Bauern . . . rief er zu (zu-rufen) he shouted to the peasants
die . . . ihm nachschauten (nach-schauen) who watched him run off

»Danke!« und lächelte dazu ein schönes menschliches Lächeln und ging.

Der König hatte keinen Narren mehr.   »Komm mit«, sagte er zu Colombin.

Des Königs Diener und Mägde, die Grafen und alle glaubten aber, Colombin sei der neue Hofnarr.

Doch Colombin war gar nicht lustig.   Er stand da und staunte, sprach selten ein Wort und lachte nicht, er lächelte nur und brachte niemanden zum Lachen.

»Er ist kein Narr, er ist ein Trottel«, sagten die Leute, und Colombin sagte: »Ich bin kein Narr, ich bin ein Trottel. «

Und die Leute lachten ihn aus.

Wenn das der König gewußt hätte, wäre er böse geworden, aber Colombin sagte ihm nichts davon, denn es machte ihm nichts aus, ausgelacht zu werden.

Am Hofe gab es starke Leute und gescheite Leute, der König war ein König, die Frauen waren schön und die Männer mutig, der Pfarrer war fromm und die Küchenmagd fleißig—nur Colombin, Colombin war nichts.

Wenn jemand sagte: »Komm, Colombin, kämpf mit mir «, sagte Colombin: »Ich bin schwächer als du. «

Wenn jemand sagte: »Wieviel gibt zwei mal sieben?«, sagte Colombin: »Ich bin dümmer als du. «

Wenn jemand sagte: »Getraust du dich, über den Bach zu springen«, sagte Colombin: »Nein, ich getraue mich nicht. «

Und wenn der König fragte: »Colombin, was willst du werden?«, antwortete Colombin: »Ich will nichts werden, ich bin schon etwas, ich bin Colombin. «

Der König sagte: »Du mußt aber etwas werden «, und Colombin fragte: »Was kann man werden? «

Da sagte der König: »Jener Mann mit dem Bart, mit dem braunen, ledernen Gesicht, das ist ein Seefahrer.   Der wollte Seefahrer werden und ist Seefahrer geworden, er segelt über die Meere und entdeckt Länder für seinen König. «

»Wenn du willst, mein König «, sagte Colombin, »werde ich Seefahrer. «

Da mußte der ganze Hof lachen.

Und Colombin rannte weg, fort aus dem Saal und schrie: »Ich werde ein Land entdecken, ich werde ein Land entdecken! «

Die Leute schauten sich an und schüttelten die Köpfe, und Colombin rannte aus dem Schloß, durch die Stadt und über das Feld, und den Bauern, die auf den Feldern standen und ihm nachschauten, rief er zu: »Ich werde ein Land entdecken, ich werde ein Land entdecken! «

Und er kam in den Wald und versteckte sich wochenlang unter den

machte sich Vorwürfe (machen) blamed himself

das Tor gate

ernst serious

erst just now   weit draußen im Meer far out in the ocean

erhob sich (sich erheben) got up

geradeaus straight ahead
Sie dürfen nicht verzweifeln you must not despair

machte sich auf die Suche (sich machen auf) began the search

wagte (wagen) dared
blinzelte . . . zu (zu-blinzeln) winked at
holte tief Atem (holen) took a deep breath
deutlich clearly

nicht verraten hatten (verraten) had not betrayed   daß er auf ihn zulief (zu-laufen) that he
ran over to him
umarmte (umarmen) embraced

von nun ab as of today

berühmt famous   flüsterten sich zu (sich zu-flüstern) whispered to each other

zweifelte er daran (zweifeln) he doubted it

behaupteten (behaupten) claimed

Büschen, und wochenlang hörte niemand etwas von Colombin, und der König war traurig und machte sich Vorwürfe, und die Hofleute schämten sich,
weil sie Colombin ausgelacht hatten.

Und sie waren froh, als nach Wochen der Wächter auf dem Turm die
5 Fanfare blies und Colombin über die Felder kam, durch die Stadt kam,
durchs Tor kam, vor den König trat und sagte: »Mein König, Colombin hat
ein Land entdeckt! « Und weil die Hofleute Colombin nicht mehr auslachen
wollten, machten sie ernste Gesichter und fragten: »Wie heißt es denn, und
wo liegt es? «

10 »Es heißt noch nicht, weil ich es erst entdeckt habe, und es liegt weit
draußen im Meer «, sagte Colombin.

Da erhob sich der bärtige Seefahrer und sagte: »Gut, Colombin, ich,
Amerigo Vespucci, gehe das Land suchen. Sag mir, wo es liegt. «

»Sie fahren ins Meer und dann immer geradeaus, und Sie müssen fahren,
15 bis Sie zu dem Land kommen, und Sie dürfen nicht verzweifeln «, sagte Colombin, und er hatte fürchterlich Angst, weil er ein Lügner war und wußte,
daß es das Land nicht gibt, und er konnte nicht mehr schlafen.

Amerigo Vespucci aber machte sich auf die Suche.

Niemand weiß, wohin er gefahren ist. Vielleicht hat auch er sich im Walde
20 versteckt.

Dann bliesen die Fanfaren, und Amerigo kam zurück.

Colombin wurde rot im Gesicht und wagte den großen Seefahrer nicht
anzuschauen. Vespucci stellte sich vor den König, blinzelte dem Colombin
zu, holte tief Atem, blinzelte noch einmal dem Colombin zu und sagte laut
25 und deutlich, so daß es alle hören konnten: »Mein König «, so sagte er,
»mein König, das Land gibt es. «

Colombin war so froh, daß ihn Vespucci nicht verraten hatte, daß er auf
ihn zulief, ihn umarmte und rief: »Amerigo, mein lieber Amerigo! «

Und die Leute glaubten, das sei der Name des Landes, und sie nannten das
30 Land, das es nicht gibt, »Amerika «.

»Du bist jetzt ein Mann «, sagte der König zu Colombin, »von nun ab
heißt du Kolumbus. «

Und Kolumbus wurde berühmt, und alle bestaunten ihn und flüsterten
sich zu: »Der hat Amerika entdeckt. «

35 Und alle glaubten, daß es Amerika gibt, nur Kolumbus war nicht sicher,
sein ganzes Leben zweifelte er daran, und er wagte den Seefahrer nie nach
der Wahrheit zu fragen.

Bald fuhren aber andere Leute nach Amerika und bald sehr viele; und die,
die zurückkamen, behaupteten: »Amerika gibt es! «

40 »Ich «, sagte der Mann, von dem ich die Geschichte habe, »ich war noch

Peter Bichsel

tun die Leute nur so the people just act that way
enttäuschen disappoint
heute noch even today   **fast almost**
die Staaten the States
Drüben over there
das Flugzeug airplane

der Wolkenkratzer skyscraper

Auf jeden Fall at any rate
die Reise trip   **verdächtig** suspicious
streiten sich . . . darüber debate the question

nie in Amerika. Ich weiß nicht, ob es Amerika gibt. Vielleicht tun die
Leute nur so, um Colombin nicht zu enttäuschen. Und wenn zwei sich von
Amerika erzählen, blinzeln sie sich heute noch zu, und sie sagen fast nie
Amerika, sie sagen meistens etwas Undeutliches von »Staaten« oder
5   »Drüben« oder so.

Vielleicht erzählt man den Leuten, die nach Amerika wollen, im Flugzeug
oder im Schiff die Geschichte von Colombin, und dann verstecken sie sich
irgendwo und kommen später zurück und erzählen von Cowboys und von
Wolkenkratzern, von den Niagarafällen und vom Mississippi, von New York
10   und von San Francisco.

Auf jeden Fall erzählen alle dasselbe, und alle erzählen Dinge, die sie
vor der Reise schon wußten; und das ist doch sehr verdächtig.

Aber immer noch streiten sich die Leute darüber, wer Kolumbus wirklich
war.

15   Ich weiß es.

Exercises

I. Based on *Der Erfinder*, to p. 39 (line 4).

A. Fill in the blanks.

1. Der Erfinder wohnte weit _____ von der Stadt und hatte _____ Besuch.
2. Er stand früh auf und arbeitete den _____ Tag.
3. Er rollte seine _____ zusammen und ging _____ die Stadt.
4. Die Stadt hatte sich _____ verändert.
5. _____ er ein Erfinder war, begriff er alles sehr schnell.
6. Er wußte nicht mehr, wie man ein _____ beginnt.
7. Er ging auf _____ Mann zu und sagte: »Entschuldigen Sie, mein Herr, ich habe eine Erfindung gemacht.«
8. Der Herr war _____ und sagte: »Und jetzt, was wollen Sie?«
9. Einige Leute gingen weiter, _____ hätten sie nichts gehört.

B. Complete each of the following sentences with the given verb(s) in both the present and the narrative past.

1. Der Erfinder _____ (wohnen) weit weg von der Stadt und _____ (*haben*) selten Besuch.
2. Er _____ (*auf-stehen*) früh und _____ (arbeiten) den ganzen Tag.
3. Er _____ (zusammen-rollen) seine Pläne und _____ (*gehen*) in die Stadt.
4. Die Stadt _____ (sich verändern). (Present perfect and past perfect.)
5. Weil er ein Erfinder _____ (*sein*), _____ (*begreifen*) er alles sehr schnell.
6. Er _____ (*wissen*) nicht mehr, wie man ein Gespräch _____ (*beginnen*) (Last verb in present tense only.)
7. Er _____ (*zu-gehen*) auf einen Mann und _____ (sagen): »Entschuldigen Sie, mein Herr, ich _____ (machen) eine Erfindung.« (Last verb in present perfect only.)
8. Der Herr _____ (*sein*) freundlich und _____ (sagen): »Und jetzt, was _____ (*wollen*) Sie?« (Last verb in present tense only.)
9. Einige Leute _____ (*weiter-gehen*), als _____ (hören) sie nichts. (Last verb in present subjunctive II and past subjunctive II.)

C. Construct sentences in both the present and the narrative past with the given elements.

1. Erfinder / wohnen / weit / weg / von / Stadt / und / haben / selten / Besuch
2. Er / auf-stehen / früh / und / arbeiten / ganz / Tag
3. Er / zusammen-rollen / sein / Pläne / und / gehen / in / Stadt

54

4. Stadt / sich verändern (Present perfect and past perfect.)
5. Weil / er / Erfinder / sein / / begreifen / er / alles / sehr / schnell
6. Er / wissen / nicht mehr / / wie / man / Gespräch / beginnen (Last verb in present tense only.)
7. Er / zu-gehen / auf / Mann / und / sagen / / Entschuldigen / mein / Herr / / ich / machen / Erfindung (Last verb in present perfect only.)
8. Herr / sein / freundlich / und / sagen / / und / jetzt / was / wollen / sie (Last verb in present tense only.)
9. Einig / Leute / weiter-gehen / / als / hören / sie / nichts (Last verb in present subjunctive II and past subjunctive II.)

D. Express in German.

1. The inventor lived far away from the city and rarely had visitors.
2. He got up early and worked all day.
3. He rolled up his plans and went to the city.
4. The city had changed completely.
5. Because he was an inventor, he understood everything very quickly.
6. He no longer knew how one begins a conversation.
7. He approached a man and said, "Pardon me, sir, I have made an invention."
8. The gentleman was friendly and said, "And now, what do you want?"
9. Some people walked on as though they hadn't heard anything.

E. Answer in German.

1. Wo wohnte der Erfinder?
2. Wann stand er auf?
3. Wie lange arbeitete er?
4. Was fand er, als er in die Stadt ging?
5. Warum begriff er alles sehr schnell?
6. Was wußte er nicht mehr?
7. Was sagte er zu einem Mann?
8. Was erwiderte der Herr?
9. Wie reagierten einige Leute auf den Erfinder?

F. Conversational Patterns.

1. (1) Sie wohnt in / der Stadt.
              einer kleinen Wohnung.
              einem Studentenheim.

2. (1) Habt ihr / nie / Besuch?
          oft
          jeden Tag

3. (2) Sie / arbeitete / den ganzen Tag.
          schlief
          spielte

4. (4) Die Stadt / hatte sich völlig verändert.
    Mein Bruder
    Das Dorf
    Seine Frau

5. (6) Ich weiß nicht mehr, / wo sie wohnt.
                  wie sie heißt.
                  was sie gesagt hat.

6. (7) Er ging auf / den Mann / zu.
          den Fremden
          einen Polizisten

7. (9) Sie tat, als / hätte sie nichts gehört.
                wüßte sie nichts.
                wäre sie sehr arm.

II. Based on *Der Erfinder*, pp. 39–41.

A. Fill in the blanks.

1. Er konnte _____ nichts anderes mehr denken als seine Erfindung.
2. »Ich habe einen _____ erfunden, in dem man sehen kann, was weit weg geschieht.«
3. »Der hat das _____ erfunden«, rief jemand, und alle lachten.
4. Die Leute lachten ihn _____, weil es das Fernsehen schon gibt.
5. Der Erfinder ging nach Hause und erfand nur noch für _____ selbst.
6. Alles, was er in der Stadt gesehen hatte, erfand er _____ einmal.
7. Er blieb sein Leben _____ ein richtiger Erfinder.

B. Complete each of the following sentences with the given verb(s) in both the present and the narrative past.

1. Er _____ (*können*) an nichts anderes mehr denken als seine Erfindung.
2. »Ich _____ (*erfinden*) einen Apparat, in dem man sehen _____ (*können*), was weit weg _____ (*geschehen*). (First verb in present perfect only, others in present tense only.)
3. »Der _____ (*erfinden*) das Fernsehen«, _____ (*rufen*) jemand, und alle _____ (lachen) (First verb in present perfect only.)
4. Die Leute _____ (*aus-lachen*) ihn, weil es das Fernsehen schon _____ (*geben*).

5. Der Erfinder _____ (*gehen*) nach Hause und _____ (*erfinden*) nur noch für sich selbst.
6. Alles, was er in der Stadt _____ (*sehen*), _____ (*erfinden*) er noch einmal. (First verb in present perfect and past perfect.)
7. Er _____ (*bleiben*) sein Leben lang ein richtiger Erfinder.

C. Construct sentences in both the present and the narrative past with the given elements.

1. Er / können / an / nichts anderes mehr / denken / als / sein / Erfindung
2. Ich / erfinden / Apparat / / in / dem / man / sehen / können / / was / weit / weg / geschehen (First verb in present perfect only, others in present tense only.)
3. Der / erfinden / Fernsehen / / rufen / jemand / / und / all / lachen (First verb in present perfect only.)
4. Leute / aus-lachen / ihn / / weil / es / Fernsehen / schon / geben
5. Erfinder / gehen / nach / Haus / und / erfinden / nur noch / für / sich selbst
6. All / was / er / in / Stadt / sehen / / erfinden / er / noch einmal (First verb in present perfect and past perfect.)
7. Er / bleiben / sein / Leben / lang / richtig / Erfinder

D. Express in German.

1. He couldn't think of anything else but his invention.
2. I have invented a device in which one can see what happens far away.
3. "He has invented television," somebody shouted, and they all laughed.
4. The people laughed at him because television already exists.
5. The inventor went home and invented only for himself.
6. Everything he had seen in the city he invented again.
7. All his life he remained a real inventor.

E. Answer in German.

1. Woran dachte der Erfinder den ganzen Tag?
2. Was hatte er erfunden?
3. Warum lachten die Leute ihn aus?
4. Für wen erfand der Erfinder jetzt?
5. Was erfand er jetzt?
6. Was blieb er sein Leben lang?

F. Conversational Patterns.

1. (1) Er kann an nichts anderes mehr denken als / seine Arbeit.
                                                    seine Ferien.
                                                    seine Freundin
                                                    sein Auto.

2. (2) Die Leute lachten ihn aus, weil / er mit einem Akzent sprach.

> er einen roten Anzug trug.
>
> sie ihn nicht verstanden.

3. (5) Er / schrieb / nur noch für sich selbst.

> komponierte
>
> arbeitete

4. (6) Alles, was / ich weiß, sage ich dir.

> ich habe, schenke ich dir.
>
> du brauchst, findest du im Kaufhof.
>
> du kannst, kann ich auch.
>
> sie will, will er auch.

5. (7) Er blieb sein Leben lang / Student.

> ein Kind.
>
> ein Freund der Natur.

III. Based on *Amerika gibt es nicht*, to p. 49 (line 1).

A. Fill in the blanks.

1. Die Geschichte beginnt _____ fünfhundert Jahren am Hofe des Königs von Spanien.
2. Der König hatte einen _____, der die Worte verdrehte.
3. Der König fand das ein halbes Jahr lang _____.
4. Pepe gefiel _____ König nur vier Tage lang.
5. Der König kaufte sich den schrecklichsten Narren _____ Welt.
6. Hänschens Lachen war das Fürchterlichste, _____ es gab.
7. Der König beschloß, daß Hänschen gehängt _____ soll.
8. Er befahl _____ Leuten, sich das böse Schauspiel anzuschauen.
9. Colombin sagte zum König: »Man muß Hänschen laufen _____.«
10. Hänschen sagte: »_____« zu Colombin und lächelte dazu.

B. Complete each of the following sentences with the given verb(s) in both the present and the narrative past.

1. Die Geschichte _____ (*beginnen*) vor fünfhundert Jahren am Hofe des Königs von Spanien.
2. Der König _____ (*haben*) einen Narren, der die Worte _____ (*verdrehen*).
3. Der König _____ (*finden*) das ein halbes Jahr lang lustig.
4. Pepe _____ (*gefallen*) dem König nur vier Tage lang.
5. Der König _____ (kaufen) sich den schrecklichsten Narren der Welt.
6. Hänschens Lachen _____ (*sein*) das Fürchterlichste, was es _____ (*geben*).

7. Der König _____ (*beschließen*), daß Hänschen _____ (*hängen*) _____ (*sollen*) (Second verb in present passive infinitive only.)

8. Er _____ (*befehlen*) den Leuten, sich das böse Schauspiel anzuschauen.

9. Colombin _____ (sagen) zum König: »Man _____ (*müssen*) Hänschen laufen lassen.« (Last verb in present tense only.)

10. Hänschen _____ (sagen) »Danke« zu Colombin und _____ (lächeln) dazu.

C. Construct sentences in both the present and the narrative past with the given elements.

1. Geschichte / beginnen / vor / fünfhundert / Jahr / an / Hof / König / von / Spanien

2. König / haben / Narr / / der / Worte / verdrehen

3. König / finden / das / halb / Jahr / lang / lustig

4. Pepe / gefallen / König / nur / vier / Tag / lang

5. König / kaufen / sich / schrecklichst / Narr / Welt

6. Hänschen / Lachen / sein / Fürchterlichst / / was / es / geben

7. König / beschließen / / daß / Hänschen / hängen / sollen (Second verb in present passive infinitive only.)

8. Er / befehlen / Leute / / sich / bös / Schauspiel / an-schauen (Last verb in present active infinitive only.)

9. Colombin / sagen / zu / König / / man / müssen / Hänschen / laufen / lassen (Second verb in present only; last two verbs in infinitives.)

10. Hänschen / sagen / danke / zu / Colombin / und / lächeln / dazu

D. Express in German.

1. The story begins five hundred years ago at the court of the King of Spain.

2. The king had a fool who garbled his words.

3. For half a year the king found that funny.

4. The king liked Pepe only four days.

5. The king bought himself the most horrible fool in the world.

6. Hänschen's laugh was the most awful thing there was.

7. The king decided that Hänschen should be hanged.

8. He commanded the people to witness the evil spectacle.

9. Colombin said to the king, "Hänschen has to be let go."

10. Hänschen said "thank you" to Colombin and smiled.

E. Answer in German.

1. Wann beginnt die Geschichte?

2. Wo beginnt sie?

3. Was machte der eine Narr?

    4. Wie fand der König das?

    5. Wie lange gefiel Pepe dem König?

    6. Beschreiben Sie Hänschens Lachen.

    7. Was beschloß der König?

    8. Was befahl er den Leuten?

    9. Was sagte Colombin zum König?

  10. Wie bedankte sich Hänschen?

F. Conversational Patterns.

    1. (1) Vor zehn Jahren / wohnten wir in Berlin.

                       war ich noch ein Kind.

                       war das Benzin billiger.

                       standen keine Häuser hier.

    2. (4) Dieses Kleid / gefällt mir nicht.

         Dieser Hut

         Dieser Anzug

         Dieser Pullover

    3. (6) Wie heißt die größte Stadt / der Welt?

         Wie heißt das kleinste Land

         Wer ist der reichste Mann

    4. (7) Ingrid beschloß, / nach München zu fahren.

                    endlich einmal zu Hause zu bleiben.

                    mit Franz in eine Bar zu gehen.

    5. (7) Der Brief / muß jetzt endlich geschrieben werden.

         Der Aufsatz

         Ihr Auto kann heute nicht mehr / repariert werden.

         Es kann erst morgen

    6. (9) Seine Frau hat ihn nie / Karten spielen / lassen

                    Bier trinken

                    ins Wirtshaus gehen

                    fischen gehen

                    Zigarren rauchen

IV. Based on *Amerika gibt es nicht,* pp. 49 (2) to 51 (3).

A. Fill in the blanks.

    1. Colombin lachte nicht und brachte niemanden _____ Lachen.

    2. »_____ du willst«, sagte Colombin zum König, »werde ich Seefahrer.«

    3. Colombin rannte _____ dem Schloß und schrie: »Ich werde ein Land entdecken!«

4. Die Leute schauten sich an und schüttelten die _____.
5. Er versteckte sich wochenlang unter den Büschen, und niemand hörte etwas _____ Colombin.
6. Der König war traurig und machte sich _____.
7. Die Hofleute schämten _____, weil sie Colombin ausgelacht hatten.

B. Complete each of the following sentences with the given verb(s) in both the present and the narrative past.

1. Colombin _____ (lachen) nicht und _____ (*bringen*) nicmanden zum Lachen.
2. »Wenn du _____« (*wollen*), _____ (sagen) Colombin zum König», _____ (*werden*) ich Seefahrer.« (First and last verb in present tense only.)
3. Colombin _____ (*rennen*) aus dem Schloß und _____ (*schreien*): »Ich _____ (entdecken) ein Land!« (Last verb in future tense only.)
4. Die Leute _____ (sich an-schauen) und _____ (schütteln) die Köpfe.
5. Er _____ (sich verstecken) wochenlang unter den Büschen, und niemand _____ (hören) etwas von Colombin.
6. Der König _____ (*sein*) traurig und _____ (machen) sich Vorwürfe.
7. Die Hofleute _____ (sich schämen), weil sie Colombin _____ (aus-lachen). (Last verb in present perfect and past perfect.)

C. Construct sentences in both the present and the narrative past with the given elements.

1. Colombin / lachen / nicht / und / bringen / niemand / zu / Lachen
2. Wenn / du / wollen / / sagen / Colombin / zu / König / / werden / ich / Seefahrer (First and last verb in present tense only.)
3. Colombin / rennen / aus / Schloß / und / schreien / / ich / entdecken / Land (Last verb in future tense only.)
4. Leute / sich an-schauen / und / schütteln / Köpfe
5. Er / sich verstecken / wochenlang / unter / Büsche / / und / niemand / hören / etwas / von / Colombin
6. König / sein / traurig / und / machen / sich / Vorwürfe
7. Hofleute / sich schämen / / weil / sie / Colombin / aus-lachen (Last verb in present perfect and past perfect.)

D. Express in German.

1. Colombin didn't laugh and didn't make anybody laugh.
2. "If you wish," Colombin said to the king, "I will become a sailor."
3. Colombin ran out of the castle and shouted, "I'll discover a country."
4. The people looked at each other and shook their heads.
5. He hid for weeks under the bushes, and nobody heard anything of Colombin.

6. The king was sad and blamed himself.
7. The people at court were ashamed of themselves because they had laughed at Colombin.

E. Answer in German.

1. Warum war Colombin kein guter Narr?
2. Was wollte er werden?
3. Was schrie er, als er aus dem Schloß rannte?
4. Wie reagierten die Leute darauf?
5. Wo versteckte sich Colombin?
6. Wie reagierte der König, als man nichts von Colombin hörte?
7. Warum schämten sich die Hofleute?

F. Conversational Patterns.

1. (2) »Was möchten Sie werden?« / »Mechaniker«
      »Arzt«
      »Professor«
      »Lehrer«
      »Kaufmann«

2. (3) Er rannte aus / der Garage.
      dem Haus.
      dem Gerichtssaal.

3. (5) Sie blieb / wochenlang / von Zuhause weg.
      tagelang
      monatelang
      jahrelang

4. (5) Ich habe schon lange nichts mehr von / Ihnen / gehört.
      ihm
      ihnen
      ihr
      dir

V. Based on *Amerika gibt es nicht*, p. 51 (4) to end.

A. Fill in the blanks.

1. Die Leute waren froh, als Colombin vor _____ König trat und sagte: »Colombin hat ein Land entdeckt.«
2. Der Seefahrer fragte, _____ das Land liegt.
3. Amerigo Vespucci machte sich _____ die Suche.

4. Niemand weiß, _____ er gefahren ist.
5. Er kam _____ und sagte zum König: »Das Land gibt es.«
6. Colombin lief auf ihn _____, umarmte ihn und rief: »Mein lieber Amerigo!«
7. Die Leute glaubten, das sei der Name des _____, und sie nannten das Land »Amerika«.
8. Colombin hieß jetzt Kolumbus und wurde _____.
9. Kolumbus wagte den Seefahrer nie _____ der Wahrheit zu fragen.
10. Alle Leute, die nach Amerika fahren, erzählen _____.
11. Die Leute streiten sich immer _____, wer Kolumbus wirklich war.

B. Complete each of the following sentences with the given verb(s) in both the present and the narrative past.

1. Die Leute _____ (sein) froh, als Colombin vor den König _____ (treten) und _____ (sagen): »Colombin _____ (entdecken) ein Land.« (Last verb in present perfect only.)
2. Der Seefahrer _____ (fragen), wo das Land _____ (liegen). (Last verb in present tense only.)
3. Amerigo Vespucci _____ (sich machen) auf die Suche.
4. Niemand _____ (wissen), wohin er _____ (fahren).
5. Er _____ (zurück-kommen) und _____ (sagen) zum König: »Das Land _____ (geben) es.« (Last verb in present tense only.)
6. Colombin _____ (zu-laufen) auf ihn, _____ (umarmen) ihn und _____ (rufen): »Mein lieber Amerigo!«
7. Die Leute _____ (glauben), das _____ (sein) der Name des Landes, und sie _____ (nennen) das Land »Amerika«. (Second verb in present subjunctive I only.)
8. Colombin _____ (heißen) jetzt Kolumbus und _____ (werden) berühmt.
9. Kolumbus _____ (wagen) den Seefahrer nie nach der Wahrheit zu fragen.
10. Alle Leute, die nach Amerika _____ (fahren), _____ (erzählen) dasselbe. (Present tense only.)
11. Die Leute _____ (sich streiten) immer noch, wer Kolumbus wirklich _____ (sein). (First verb in present tense only, second verb in narrative past only.)

C. Construct sentences in both the present and the narrative past with the given elements.

1. Leute / sein / froh / / als / Colombin / vor / König / treten / und / sagen / / Colombin / entdecken / Land (Last verb in present perfect only.)
2. Seefahrer / fragen / / wo / Land / liegen (Last verb in present tense only.)

3. Amerigo Vespucci / sich machen / auf / Suche.
4. Niemand / wissen / / wohin / er / fahren
5. Er / zurück-kommen / und / sagen / zu / König / / Land / geben / es (Last verb in present tense only.)
6. Colombin / zu-laufen / auf / ihn / umarmen / ihn / und / rufen / mein / lieb / Amerigo
7. Leute / glauben / / das / sein / Name / Land / / und / sie / nennen / Land / Amerika (Second verb in present subjunctive I only.)
8. Colombin / heißen / jetzt / Kolumbus / und / werden / berühmt
9. Kolumbus / wagen / Seefahrer / nie / nach / Wahrheit / fragen (Last verb in present active infinitive only.)
10. All / Leute / die / nach / Amerika / fahren / erzählen / dasselbe (Present tense only.)
11. Leute / sich streiten / immer noch / / wer / Kolumbus / wirklich / sein (First verb in present tense only, second verb in narrative past only.)

D. Express in German.

1. The people were glad when Colombin stepped up to the king and said, "Colombin has discovered a country."
2. The sailor asked where the country is located.
3. Amerigo Vespucci began the search.
4. Nobody knows where he went.
5. He returned and said to the king, "The country exists."
6. Colombin ran over to him, embraced him and cried, "My dear Amerigo!"
7. The people thought that is the name of the country, and they called the country "America."
8. Colombin was now called Columbus and became famous.
9. Columbus never dared to ask the sailor about the truth.
10. All the people who go to America tell the same thing.
11. People still debate who Columbus really was.

E. Answer in German.

1. Was sagte Colombin, als er vor den König trat?
2. Was fragte der Seefahrer?
3. Was tat der Seefahrer dann?
4. Wohin ist Amerigo Vespucci gefahren?
5. Was sagte Vespucci, als er zurückkam?
6. Was machte Colombin, als er das hörte?
7. Wie nannten die Leute das Land?
8. Warum nannten sie es so?
9. Was wagte Kolumbus nie?
10. Worüber streiten sich die Leute immer noch?

F. Conversational Patterns.

1. (2) Er fragte sie, / wie sie heißt.
   wo sie wohnt.
   wann sie auf der Universität war.
   ob sie Erika kennt.

2. (3) Wir machen uns bald / auf den Weg.
   an die Arbeit.

3. (4) »Wo ist er hingefahren?« / »Nach Hause.«
   »In die Alpen.«
   »An den Bodensee.«

4. (7) Ich glaubte, das sei / Marie.
   Maries Schwester.
   ihre Mutter.
   ihre Tochter.

5. (9) Er fragte ihn nach / dem Weg.
   der Zeit.
   seiner Familie.

6. (9) Er wagt es nicht, / über den Bach zu springen.
   schwarz zu fahren.
   die Straße zu überqueren.

7. (11) Die Leute streiten sich darüber, / ob er ein guter Präsident ist.
   ob so etwas noch Kunst ist.

BERTOLT BRECHT

When Brecht wrote *Der Jasager* in 1929, he had been studying the writings of Karl Marx for several years and had begun to write plays propounding Marxist ideology. A prevalent theme of these plays is that the individual must submit himself wholly to the discipline of the common cause, must be prepared even to die if by living he jeopardizes the general welfare. This is a grim message, and these early ideological plays got Brecht into some difficulties first with the Communist Party, which naturally felt that extolling the virtues and benefits of Marxism would win more converts than insisting on its rigid demands, and then (during Brecht's self-imposed exile in the United States) with the House Un-American Activities Committee, which found in such attitudes the inhuman fanaticism that it attributed to the "international Communist conspiracy."

Der Jasager is based on *Tanikō*, a Japanese Nō play from the fifteenth century which had come to Brecht's attention during the twenties and which served as a perfect vehicle for his new political message. It is the story of a boy who has joined a group of Buddhist monks on a pilgrimage into the mountains to pray for his sick mother. When he falls ill during the difficult journey, the monks, fearing that their holy mission will be defiled and following a "Great Custom," sacrifice the boy's life by hurling him into the abyss. Doubtless the austere intellectual rigor and high stylization of Nō drama appealed to Brecht, who was working out a dramatic style of his own called "epic theater"—a style which would similarly engage his audience's intelligence rather than its emotional sympathies and thus serve not as mere entertainment but as an instrument of political education and action. Education was much on Brecht's mind. It was, as he stated in an essay "Über Stoffe und Form" (1929), the new purpose of art: "Erst der neue Zweck macht die neue Kunst. Der neue Zweck heißt: Pädagogik.'' In his *Badener Lehrstück vom Einver-ständnis* (1928), an oratorio with music by Paul Hindemith, the chorus teaches four crashed aviators (and the audience) to accept the necessity of their dying in order to overcome death.

In *Der Jasager*, too, the audience is to learn ''Einverständnis'' with the requirements of a Marxist society. The action of *Taniko* has been secularized. It is now a group of students who set off across the mountains to study with great scholars living beyond; the boy joins them hoping to get medicine for his sick mother; when he falls ill, all discuss the possible alternatives and, ultimately, the boy acquiesces in his own sacrifice for the good of the community, asking only that the survivors get his mother's medicine. The play was set to music as a ''Schuloper'' by Kurt Weill and was performed in 1930 in several leftist Berlin schools. It must have dismayed Brecht when the students at the Karl Marx High School, who were rehearsing the play, found the boy's death not only ''traurig'' and ''grausam'' but unnecessary. And of course they were right, for the pursuit of learning is not really a life-and-death matter. In the spirit of ''Einverständnis,'' Brecht not only rewrote *Der Jasager* to provide a more compelling motivation for the same outcome, but wrote a new play, *Der Neinsager* (1930), in which the original situation leads to a different end. In the new version of *Der Jasager* (printed here), the expedition is crossing the mountains to fetch medicine to combat an epidemic which threatens to wipe out the entire village; the boy's death therefore is necessary to save many lives. In *Der Neinsager*, on the other hand, the boy refuses to die merely to enable the other students to continue their scholarly journey; nor is his mother's life in danger—she says to the teacher, the leader of the expedition: ''Machen Sie sich keine Sorgen wegen meiner Krankheit, sie hatte keine bösen Folgen.'' The boy's refusal to die for a senseless cause, and his insistence ''in jeder neuen Lage neu nachzudenken,'' state a quite different political theme, that all customs ''Great'' and small should be reexamined as to their usefulness both to the individual and to society at large. The two plays complement each other, and Brecht himself insisted: ''Die zwei kleinen Stücke sollten womöglichst nicht eins ohne das andere aufgeführt werden.'' They are presented together here.

Questions for Thought and Discussion

In what way do Brecht's didactic plays differ from other plays you know, for example, plays by Shaw, O'Neill, or Tennessee Williams?

Each of these two plays uses the chorus as a theatrical device. What does the chorus represent, what is its function, and in what way does it exemplify Brecht's concept of "epic theater?"

Why do you think Brecht wrote these "Lehrstücke" particularly for schools? Are you "einverstanden" with Brecht's thesis concerning the individual's responsibility to the community as expressed in *Der Jasager*? Why will the travellers in *Der Neinsager* have to face ridicule and scorn at the end? Have they not saved a valuable life?

Brecht wanted the two plays always to be performed together. What twofold lesson are they meant to teach?

das **Einverständnis** consensus

der **Schüler** pupil   **dessen** whose
die **für ihn sorgt** (sorgen) who takes care of him
Lebewohl farewell   **ich begebe mich in Kürze auf eine Reise** (sich begeben) I shall soon begin
a journey
die **Seuche** epidemic
jenseits on the other side   der **Arzt** the doctor

Der Jasager

1

DER GROSSE CHOR

    Wichtig zu lernen vor allem ist Einverständnis.
    Viele sagen ja, und doch ist da kein Einverständnis.
    Viele werden nicht gefragt, und viele
5   Sind einverstanden mit Falschem. Darum:
    Wichtig zu lernen vor allem ist Einverständnis.

    Der Lehrer in Raum 1, die Mutter und der Knabe in Raum 2.

DER LEHRER Ich bin der Lehrer. Ich habe eine Schule in der Stadt und habe einen Schüler, dessen Vater tot ist. Er hat nur mehr seine

10 Mutter, die für ihn sorgt. Jetzt will ich zu ihnen gehen und ihnen Lebewohl sagen, denn ich begebe mich in Kürze auf eine Reise in die Berge. Es ist nämlich eine Seuche bei uns ausgebrochen, und in der Stadt jenseits der Berge wohnen einige große Ärzte. *Er klopft an die Tür* Darf ich eintreten?

15 DER KNABE *tritt aus Raum 2 in Raum 1:* Wer ist da? Oh, der Lehrer ist da, der Lehrer kommt, uns zu besuchen!

DER LEHRER Warum bist du so lange nicht zur Schule in die Stadt gekommen?

DER KNABE Ich konnte nicht kommen, weil meine Mutter krank war.

20 DER LEHRER Das wußte ich nicht, daß deine Mutter auch krank ist. Bitte, sag ihr gleich, daß ich hier bin.

DER KNABE *ruft nach Raum 2:* Mutter, der Lehrer ist da.

DIE MUTTER *sitzt in Raum 2:* Bitte ihn, hereinzukommen.

DER KNABE Bitte, treten Sie ein.

hat . . . ergriffen (ergreifen) has struck

Daher therefore

die Unterweisung instructions

die Wanderung trip

horcht (horchen) listens

Außerdem besides

Unmöglich impossible

Eben weil just because

Sie treten beide in Raum 2.

DER LEHRER Ich bin lange nicht hier gewesen. Ihr Sohn sagt, die Krankheit hat auch Sie ergriffen. Geht es Ihnen jetzt besser?

DIE MUTTER Leider geht es mir nicht besser, da man gegen diese Krankheit ja bis jetzt keine Medizin kennt.

DER LEHRER Man muß etwas finden. Daher komme ich, um Ihnen Lebewohl zu sagen: morgen begebe ich mich auf eine Reise über die Berge, um Medizin zu holen und Unterweisung. Denn in der Stadt jenseits der Berge sind die großen Ärzte.

DIE MUTTER Eine Hilfsexpedition in die Berge! Ja, in der Tat, ich habe gehört, daß die großen Ärzte dort wohnen, aber ich habe auch gehört, daß es eine gefährliche Wanderung ist. Wollen Sie etwa mein Kind mitnehmen?

DER LEHRER Das ist keine Reise, auf die man ein Kind mitnimmt.

DIE MUTTER Gut. Ich hoffe, Sie kehren gesund zurück.

DER LEHRER Jetzt muß ich gehen. Leben Sie wohl.

Ab in Raum 1.

DER KNABE *folgt dem Lehrer nach Raum 1:* Ich muß etwas sagen.

Die Mutter horcht an der Tür.

DER LEHRER Was willst du sagen?

DER KNABE Ich will mit Ihnen in die Berge gehen.

DER LEHRER
Wie ich deiner Mutter bereits sagte
Ist es eine schwierige und
Gefährliche Reise. Du wirst nicht
Mitkommen können. Außerdem:
Wie kannst du deine Mutter
Verlassen wollen, die doch krank ist?
Bleibe hier. Es ist ganz
Unmöglich, daß du mitkommst.

DER KNABE
Eben weil meine Mutter krank ist
Will ich mitgehen, um für sie
Bei den großen Ärzten in der Stadt jenseits der Berge
Medizin zu holen und Unterweisung.

DER LEHRER Ich muß noch einmal mit deiner Mutter reden.

Er geht nach Raum 2 zurück. Der Knabe horcht an der Tür.

Ich zweifle nicht an dem (zweifeln) I don't doubt

Uns . . . verließ (verlassen) here: died

das Gedächtnis mind

bereiten prepare
Deine Kleider zu richten to take care of your clothes
beschaffen provide
trotzdem nevertheless
das Vorhaben plans   **abbringen** to keep from

die Vorstellung here: intercession
rühren move

DER LEHRER Ich bin noch einmal zurückgekommen. Ihr Sohn sagt, daß
er mit uns gehen will. Ich sagte ihm, daß er Sie doch nicht verlassen
könne, wenn Sie krank sind, und daß es eine schwierige und gefährliche Reise sei. Er könne ganz unmöglich mitkommen, sagte ich.

5 Aber er sagte, er müsse mit, um für Ihre Krankheit in der Stadt jenseits der Berge Medizin zu holen und Unterweisung.

DIE MUTTER Ich habe seine Worte gehört. Ich zweifle nicht an dem, was
der Knabe sagt—daß er gern mit Ihnen die gefährliche Wanderung
machen will. Komm herein, mein Sohn!

Der Knabe tritt in Raum 2.

10 Seit dem Tag, an dem
Uns dein Vater verließ
Habe ich niemanden
Als dich zur Seite.
Du warst nie länger

15 Aus meinem Gedächtnis und aus meinen Augen
Als ich brauchte, um
Dein Essen zu bereiten
Deine Kleider zu richten und
Das Geld zu beschaffen.

20 DER KNABE Alles ist, wie du sagst. Aber trotzdem kann mich nichts von
meinem Vorhaben abbringen.

DER KNABE, DIE MUTTER, DER LEHRER
Ich werde (er wird) die gefährliche Wanderung machen
Und für deine (meine, ihre) Krankheit

25 In der Stadt jenseits der Berge
Medizin holen und Unterweisung.

DER GROSSE CHOR
Sie sahen, daß keine Vorstellungen
Ihn rühren[18] konnten.

30 Da sagten der Lehrer und die Mutter
Mit einer Stimme:

DER LEHRER, DIE MUTTER
Viele sind einverstanden mit Falschem, aber er
Ist nicht einverstanden mit der Krankheit, sondern

35 Daß die Krankheit geheilt wird.

DER GROSSE CHOR
Die Mutter aber sagte:

die Kraft strength

haben . . . angetreten (an-treten) have begun

befanden sich (sich befinden) were

war den Anstrengungen nicht gewachsen (gewachsen sein + dat.) was not up to the
strenuous task
überanstrengte (überanstrengen) overexerted
die Heimkehr return   verlangte (verlangen) demanded
Beim Morgengrauen at dawn

schleppen drag

der Krug jug

sind . . . hinangestiegen (hinan-steigen) climbed up
ein wenig verweilen rest a little
gehorchen obey

das Podest podium

die those who
das Steigen climbing   gewohnt used to
ruhe (ruhen) rest

Es scheint it seems

besorgt seinetwegen concerned about him

DIE MUTTER

Ich habe keine Kraft mehr.
Wenn es sein muß
Geh mit dem Herrn Lehrer.
5   Aber kehr schnell zurück.

2

DER GROSSE CHOR

Die Leute haben die Reise
In die Berge angetreten.
Unter ihnen befanden sich der Lehrer
10   Und der Knabe.
Der Knabe war den Anstrengungen nicht gewachsen:
Er überanstrengte sein Herz
Das die schnelle Heimkehr verlangte.
Beim Morgengrauen am Fuße der Berge
15   Konnte er kaum seine müden
Füße mehr schleppen.

*Es treten in Raum 1: der Lehrer, die drei Studenten, zuletzt der Knabe
mit einem Krug.*

DER LEHRER   Wir sind schnell hinangestiegen.   Dort ist die erste Hütte.
20   Dort wollen wir ein wenig verweilen.
DIE DREI STUDENTEN   Wir gehorchen.

*Sie treten auf das Podest in Raum 2.   Der Knabe hält den Lehrer
zurück.*

DER KNABE   Ich muß etwas sagen.
25 **DER LEHRER**   Was willst du sagen?
DER KNABE   Ich fühle mich nicht wohl..
DER LEHRER   Halt!   Solche Dinge dürfen nicht sagen, die auf eine solche
Reise gehen.   Vielleicht bist du müde, weil du das Steigen nicht ge-
wohnt bist.   Bleib ein wenig stehen und ruhe ein wenig.

30   *Er tritt auf das Podest.*

DIE DREI STUDENTEN   Es scheint, daß der Knabe müde ist vom Steigen.
Wir wollen den Lehrer darüber befragen.
DER GROSSE CHOR   Ja.   Tut das!
DIE DREI STUDENTEN   *zum Lehrer:* Wir hören, daß dieser Knabe müde ist
35   vom Steigen.   Was ist mit ihm?   Bist du besorgt seinetwegen?

also and so

untereinander to each other

sieht . . . seltsam aus (aus-sehen) looks strange
der schmale Grat the narrow ridge
zufassend clutching   **die Felswand** steep mountain side

der Trichter funnel

vorhin a little while ago

Versucht doch why don't you try

Technikum here: technical demonstration

der Spieler actor   **das Seil** rope   **usw.** = und so weiter
zwar to be sure

Was auch sei no matter what

das Entsetzen horror
das Gebirge mountains
mich euch . . . widersetzen (sich widersetzen) oppose you
ich halte es für richtig (halten für) I consider it right
umkehren turn back
das Leid sorrow   **das Geschöpf** person
schonend gently   **das Schicksal** fate   **vorbereiten** to prepare

DER LEHRER Er fühlt sich nicht wohl, aber sonst ist alles in Ordnung mit
ihm. Er ist müde vom Steigen.

DIE DREI STUDENTEN So bist du also nicht besorgt seinetwegen?

Lange Pause.

5 DIE DREI STUDENTEN *untereinander:*
Hört ihr? Der Lehrer hat gesagt
Daß der Knabe nur müde sei vom Steigen.
Aber sieht er nicht jetzt ganz seltsam aus?
Gleich nach der Hütte kommt der schmale Grat.
10 Nur mit beiden Händen zufassend an der Felswand
Kommt man hinüber.
Hoffentlich ist er nicht krank.
Denn wenn er nicht weiter kann, müssen wir ihn
Hier zurücklassen.

15 *Sie rufen nach Raum 1 hinunter, die Hand wie einen Trichter vor dem
Mund:*

Bist du krank?—Er antwortet nicht.—Wir wollen den Lehrer fragen.
Zum Lehrer: Als wir vorhin nach dem Knaben fragten, sagtest du,
er sei nur müde vom Steigen, aber jetzt sieht er ganz seltsam aus.
20 Er hat sich auch gesetzt.
DER LEHRER Ich sehe, daß er krank geworden ist. Versucht doch, ihn über
den schmalen Grat zu tragen.
DIE DREI STUDENTEN Wir versuchen es.

Technikum: Die drei Studenten versuchen, den Knaben über den
25 *»schmalen Grat« zu bringen. Der »schmale Grat« muß von den*
Spielern aus Podesten, Seilen, Stühlen usw. so konstruiert werden, daß
die drei Studenten zwar allein, nicht aber, wenn sie auch noch den
Knaben tragen, hinüberkommen.

DIE DREI STUDENTEN Wir können ihn nicht hinüberbringen, und wir kön-
30 nen nicht bei ihm bleiben. Was auch sei, wir müssen weiter, denn
eine ganze Stadt wartet auf die Medizin, die wir holen sollen. Wir
sprechen es mit Entsetzen aus, aber wenn er nicht mit uns gehen
kann, müssen wir ihn eben hier im Gebirge liegenlassen.
DER LEHRER Ja, vielleicht müßt ihr es. Ich kann mich euch nicht wider-
35 setzen. Aber ich halte es für richtig, daß man den, welcher krank
wurde, befragt, ob man umkehren soll seinetwegen. Ich trage in
meinem Herzen großes Leid um dieses Geschöpf. Ich will zu ihm
gehen und ihn schonend auf sein Schicksal vorbereiten.

gegeneinander facing each other

auch wenn even if

der Brauch custom
schreibt . . . vor (vor-schreiben) prescribes

deinetwegen because of you

Ich will es mir überlegen I want to think about it   **das Nachdenken** reflection

der Notwendigkeit gemäß according to necessity

im Hinabgehen while descending

habt beschlossen (beschließen) have decided

das Tal here: ravine   **hinabzuwerfen** (hinab-werfen) to throw down

bestimmen determine

DIE DREI STUDENTEN   Bitte, tue das.

Sie stellen sich mit den Gesichtern gegeneinander.

DIE DREI STUDENTEN, DER GROSSE CHOR
      Wir wollen ihn fragen (sie fragten ihn), ob er verlangt
5   (verlange)
      Daß man umkehrt (umkehre) seinetwegen
      Aber auch wenn er es verlangt
      Wollen wir (wollten sie) nicht umkehren
      Sondern ihn liegenlassen und weitergehen.
10 DER LEHRER   *ist zu dem Knaben nach Raum 1 hinabgestiegen:* Hör gut zu!
      Da du krank bist und nicht weiter kannst, müssen wir dich hier
      zurücklassen.   Aber es ist richtig, daß man den, welcher krank
      wurde, befragt, ob man umkehren soll seinetwegen.   Und der Brauch
      schreibt auch vor, daß der, welcher krank wurde, antwortet: Ihr sollt
15   nicht umkehren.
   DER KNABE   Ich verstehe.
   DER LEHRER   Verlangst du, daß man umkehren soll deinetwegen?
   DER KNABE   Ihr sollt nicht umkehren!
   DER LEHRER   Bist du also einverstanden, daß du zurückgelassen wirst?
20 DER KNABE   Ich will es mir überlegen. *Pause des Nachdenkens.* Ja, ich
      bin einverstanden.
   DER LEHRER   *ruft von Raum 1 nach Raum 2:* Er hat der Notwendigkeit
      gemäß geantwortet.
   DER GROSSE CHOR UND DIE DREI STUDENTEN   *diese im Hinabgehen nach*
25   *Raum 1:* Er hat ja gesagt.   Geht weiter!

      Die drei Studenten bleiben stehen.

   DER LEHRER
      Geht jetzt weiter, bleibt nicht stehen
      Denn ihr habt beschlossen, weiterzugehen.

30   *Die drei Studenten bleiben stehen.*

   DER KNABE   Ich will etwas sagen: Ich bitte euch, mich nicht hier liegenzu-
      lassen, sondern mich ins Tal hinabzuwerfen, denn ich fürchte mich,
      allein zu sterben.
   DIE DREI STUDENTEN   Das können wir nicht.
35 DER KNABE   Halt! Ich verlange es.
   DER LEHRER
      Ihr habt beschlossen, weiterzugehen und ihn dazulassen.
      Es ist leicht, sein Schicksal zu bestimmen

Bertolt Brecht

vollstrecken carry out
Seid ihr bereit are you prepared

Lehne (lehnen) here: rest
Strenge dich nicht an (sich an-strengen) don't exert yourself
vorsichtig carefully

ihn verdeckend concealing him   an den hinteren Rand to the back edge

unsichtbar invisible
wohl very well
verlieren lose
Der Gedanke thought
Hat mich verführt (verführen) mislead me

beklagten (beklagen) lamented
das Gesetz law

zusammengedrängt crowded together
der Abgrund abyss

schuldiger more guilty
der Erdklumpen clod of dirt
flach flat
Hinterher down after him

Aber schwer, es zu vollstrecken.
Seid ihr bereit, ihn ins Tal hinabzuwerfen?

DIE DREI STUDENTEN
Ja.

5   *Die drei Studenten tragen den Knaben auf das Podest in Raum 2.*

Lehne deinen Kopf an unsern Arm.
Strenge dich nicht an.
Wir tragen dich vorsichtig.

Die drei Studenten stellen sich vor ihn, ihn verdeckend, an den hinteren
10   *Rand des Podestes.*

DER KNABE *unsichtbar:*
Ich wußte wohl, daß ich auf dieser Reise
Mein Leben verlieren könnte.
Der Gedanke an meine Mutter
15   Hat mich verführt zu reisen.
Nehmt meinen Krug
Füllt ihn mit der Medizin
Und bringt ihn meiner Mutter
Wenn ihr zurückkehrt.
20 **DER GROSSE CHOR**
Dann nahmen die Freunde den Krug
Und beklagten die traurigen Wege der Welt
Und ihr bitteres Gesetz
Und warfen den Knaben hinab.
25   Fuß an Fuß standen sie zusammengedrängt
An dem Rande des Abgrunds
Und warfen ihn hinab mit geschlossenen Augen
Keiner schuldiger als sein Nachbar
Und warfen Erdklumpen
30   Und flache Steine
Hinterher.

Der Neinsager

1

DER GROSSE CHOR
> Wichtig zu lernen vor allem ist Einverständnis.
> Viele sagen ja, und doch ist da kein Einverständnis.
> Viele werden nicht gefragt, und viele
> Sind einverstanden mit Falschem. Darum:
> Wichtig zu lernen vor allem ist Einverständnis.

Der Lehrer in Raum 1, die Mutter und der Knabe in Raum 2.

DER LEHRER   Ich bin der Lehrer. Ich habe eine Schule in der Stadt und habe einen Schüler, dessen Vater tot ist. Er hat nur mehr seine Mutter, die für ihn sorgt. Jetzt will ich zu ihnen gehen und ihnen Lebewohl sagen, denn ich begebe mich in Kürze auf eine Reise in die Berge. *Er klopft an die Tür.* Darf ich eintreten?

DER KNABE   *tritt aus Raum 2 in Raum 1:* Wer ist da? Oh, der Herr Lehrer ist da, der Herr Lehrer kommt, uns zu besuchen.

DER LEHRER   Warum bist du so lange nicht zur Schule in die Stadt gekommen?

DER KNABE   Ich konnte nicht kommen, weil meine Mutter krank war.

DER LEHRER   Das wußte ich nicht. Bitte, sag ihr gleich, daß ich hier bin.

DER KNABE   *ruft nach Raum 2:* Mutter, der Herr Lehrer ist da.

DIE MUTTER   *sitzt in Raum 2 auf dem Holzstuhl:* Bitte ihn, hereinzukommen.

DER KNABE   Bitte, treten Sie ein.

Sie treten beide in Raum 2.

DER LEHRER   Ich bin lange nicht hier gewesen. Ihr Sohn sagt, Sie seien krank gewesen. Geht es Ihnen jetzt besser?

Bertolt Brecht

Machen Sie sich keine Sorgen don't worry
keine bösen Folgen no bad consequences
Das freut mich zu hören (freuen) I am happy to hear that
die Forschungsreise expedition

zustoßen happen

DIE MUTTER   Machen Sie sich keine Sorgen wegen meiner Krankheit, sie
hatte keine bösen Folgen.

DER LEHRER   Das freut mich zu hören. Ich komme, um Ihnen Lebewohl
zu sagen, denn ich begebe mich in Kürze auf eine Forschungsreise in
die Berge. Denn in der Stadt jenseits der Berge sind die großen
Lehrer.

DIE MUTTER   Eine Forschungsreise in die Berge! Ja, in der Tat, ich habe
gehört, daß die großen Ärzte dort wohnen, aber ich habe auch gehört, daß es eine gefährliche Wanderung ist. Wollen Sie etwa mein
Kind mitnehmen?

DER LEHRER   Das ist keine Reise, auf die man ein Kind mitnimmt.

DIE MUTTER   Gut. Ich hoffe, Sie kehren gesund zurück.

DER LEHRER   Jetzt muß ich gehen. Leben Sie wohl. *Ab in Raum 1.*

DER KNABE   *folgt dem Lehrer nach Raum 1:* Ich muß etwas sagen.

Die Mutter horcht an der Tür.

DER LEHRER   Was willst du sagen?

DER KNABE   Ich will mit Ihnen in die Berge gehen.

DER LEHRER
Wie ich deiner Mutter bereits sagte
Ist es eine schwierige und
Gefährliche Reise. Du wirst nicht
Mitkommen können. Außerdem:
Wie kannst du deine Mutter
Verlassen wollen, die doch krank ist?
Bleibe hier. Es ist ganz
Unmöglich, daß du mitkommst.

DER KNABE
Eben weil meine Mutter krank ist
Will ich mitgehen, um für sie
Bei den großen Ärzten in der Stadt jenseits der Berge
Medizin zu holen und Unterweisung.

DER LEHRER   Aber wärest du denn auch einverstanden mit allem, was dir
auf der Reise zustoßen könnte?

DER KNABE   Ja.

DER LEHRER   Ich muß noch einmal mit deiner Mutter reden.

Er geht nach Raum 2 zurück. Der Knabe horcht an der Tür.

DER LEHRER   Ich bin noch einmal zurückgekommen. Ihr Sohn sagt, daß
er mit uns gehen will. Ich sagte ihm, daß er Sie doch nicht verlassen
könne, wenn Sie krank sind, und daß es eine schwierige und gefähr-

liche Reise sei. Er könne ganz unmöglich mitkommen, sagte ich.
Aber er sagte, er müsse mit, um für Ihre Krankheit in der Stadt jenseits der Berge Medizin zu holen und Unterweisung.

DIE MUTTER   Ich habe seine Worte gehört. Ich zweifle nicht an dem, was
5   der Knabe sagt—daß er gern mit Ihnen die gefährliche Wanderung
machen will. Komm herein, mein Sohn!

Der Knabe tritt in Raum 2.

Seit dem Tag, an dem
Uns dein Vater verließ
10   Habe ich niemanden
Als dich zur Seite.
Du warst nie länger
Aus meinem Gedächtnis und aus meinen Augen
Als ich brauchte, um
15   Dein Essen zu bereiten
Deine Kleider zu richten und
Das Geld zu beschaffen.

DER KNABE   Alles ist, wie du sagst. Aber trotzdem kann mich nichts von
meinem Vorhaben abbringen.

20 DER KNABE, DIE MUTTER, DER LEHRER
Ich werde (er wird) die gefährliche Wanderung machen
Und für deine (meine, ihre) Krankheit
In der Stadt jenseits der Berge
Medizin holen und Unterweisung.

25 DER GROSSE CHOR
Sie sahen, daß keine Vorstellungen
Ihn rühren konnten.
Da sagten der Lehrer und die Mutter
Mit einer Stimme:

30 DER LEHRER, DIE MUTTER
Viele sind einverstanden mit Falschem, aber er
Ist nicht einverstanden mit der Krankheit, sondern
Daß die Krankheit geheilt wird.

DER GROSSE CHOR
35   Die Mutter aber sagte:

DIE MUTTER
Ich habe keine Kraft mehr.
Wenn es sein muß
Geh mit dem Herrn Lehrer.
40   Aber kehr schnell zurück.

2

DER GROSSE CHOR

Die Leute haben die Reise
In die Berge angetreten.
Unter ihnen befanden sich der Lehrer
5   Und der Knabe.
Der Knabe war den Anstrengungen nicht gewachsen:
Er überanstrengte sein Herz
Das die schnelle Heimkehr verlangte.
Beim Morgengrauen am Fuße der Berge
10   Konnte er kaum seine müden
Füße mehr schleppen.

Es treten in Raum 1: der Lehrer, die drei Studenten, zuletzt der Knabe mit einem Krug.

DER LEHRER   Wir sind schnell hinangestiegen. Dort ist die erste Hütte.
15   Dort wollen wir ein wenig verweilen.

DIE DREI STUDENTEN   Wir gehorchen.

Sie treten auf das Podest in Raum 2. Der Knabe hält den Lehrer zurück.

DER KNABE   Ich muß etwas sagen.

20 DER LEHRER   Was willst du sagen?

DER KNABE   Ich fühle mich nicht wohl.

DER LEHRER   Halt! Solche Dinge dürfen nicht sagen, die auf eine solche Reise gehen. Vielleicht bist du müde, weil du das Steigen nicht gewohnt bist. Bleib ein wenig stehen und ruhe ein wenig.

25   *Er tritt auf das Podest.*

DIE DREI STUDENTEN   Es scheint, daß der Knabe krank ist vom Steigen.
Wir wollen den Lehrer darüber befragen.

DER GROSSE CHOR   Ja. Tut das!

DIE DREI STUDENTEN   *zum Lehrer:* Wir hören, daß dieser Knabe krank ist
30   vom Steigen. Was ist mit ihm? Bist du besorgt seinetwegen?

DER LEHRER   Er fühlt sich nicht wohl. Aber sonst ist alles in Ordnung mit ihm. Er ist müde vom Steigen.

DIE DREI STUDENTEN   So bist du also nicht besorgt seinetwegen?

Lange Pause.

35 DIE DREI STUDENTEN   *untereinander:*
Hört ihr? Der Lehrer hat gesagt
Daß der Knabe nur müde sei vom Steigen.

hinabschleudern hurl down

seit alters her since ancient times   **herrscht** here: exists

berichten inform

Aber sieht er nicht jetzt ganz seltsam aus?
Gleich nach der Hütte aber kommt der schmale Grat.
Nur mit beiden Händen zufassend an der Felswand
Kommt man hinüber.
5   Wir können keinen tragen.
Sollten wir also dem großen Brauch folgen und ihn
In das Tal hinabschleudern?

Sie rufen nach Raum 1 hinunter, die Hand wie einen Trichter vor dem Mund:

10   Bist du krank vom Steigen?

DER KNABE
   Nein.
   Ihr seht, ich stehe doch.
   Würde ich mich nicht setzen
15   Wenn ich krank wäre?

Pause. Der Knabe setzt sich.

DIE DREI STUDENTEN Wir wollen es dem Lehrer sagen. Herr, als wir vorhin nach dem Knaben fragten, sagtest du, er sei nur müde vom Steigen. Aber jetzt sieht er ganz seltsam aus. Er hat sich auch gesetzt. Wir
20 sprechen es mit Entsetzen aus, aber seit alters her herrscht hier ein großer Brauch: die nicht weiter können, werden in das Tal hinabgeschleudert.

DER LEHRER Was, ihr wollt dieses Kind in das Tal hinabwerfen?

DIE DREI STUDENTEN Ja, das wollen wir.

25 DER LEHRER Das ist ein großer Brauch. Ich kann mich ihm nicht widersetzen. Aber der große Brauch schreibt auch vor, daß man den, welcher krank wurde, befragt, ob man umkehren soll seinetwegen. Ich trage in meinem Herzen großes Leid um dieses Geschöpf. Ich will zu ihm gehen und ihm schonend von dem großen Brauch be-
30 richten.

DIE DREI STUDENTEN Bitte, tue das.

Sie stellen sich mit den Gesichtern gegeneinander.

DIE DREI STUDENTEN, DER GROSSE CHOR
   Wir wollen ihn fragen (sie fragten ihn), ob er verlangt
35   (verlange)
   Daß man umkehrt (umkehre) seinetwegen.
   Aber auch, wenn er es verlangte

besteht das Gesetz (bestehen) the law exists

die Stelle place   einnehmen take

dem Brauch gemäß according to tradition
Wer a gesagt hat, der muß auch b sagen German proverb equivalent to the English: in for a
penny, in for a pound   seinerzeit previously
sich aus der Reise ergeben result from the trip

der neuen Lage entsprechend in accordance with the new situation

was den alten großen Brauch betrifft (betreffen) as far as the great old tradition is concerned
sehe ich keine Vernunft an ihm I don't see that it is reasonable   vielmehr rather
einführen to introduce

heldenhaft heroic
Ich überlasse es euch (überlassen) I leave it up to you
das Gelächter derision   die Schande shame   überschütten wird will shower

Wollen wir (wollten sie) nicht umkehren
Sondern ihn in das Tal hinabwerfen.

DER LEHRER *ist zu dem Knaben in Raum 1 hinabgestiegen:* Hör gut zu!
Seit alters her besteht das Gesetz, daß der, welcher auf einer solchen
5   Reise krank wurde, ins Tal hinabgeworfen werden muß. Er ist sofort
tot. Aber der Brauch schreibt auch vor, daß man den, welcher krank
wurde, befragt, ob man umkehren soll seinetwegen. Und der Brauch
schreibt auch vor, daß der, welcher krank wurde, antwortet: Ihr sollt
nicht umkehren. Wenn ich deine Stelle einnehmen könnte, wie gern
10   würde ich sterben!

DER KNABE   Ich verstehe.

DER LEHRER   Verlangst du, daß man umkehren soll deinetwegen? Oder
bist du einverstanden, daß du ins Tal hinabgeworfen wirst, wie der
große Brauch es verlangt?

15 DER KNABE *nach einer Pause des Nachdenkens:* Nein. Ich bin nicht einverstanden.

DER LEHRER *ruft von Raum 1 nach Raum 2:* Kommt herunter! Er hat nicht
dem Brauch gemäß geantwortet!

DIE DREI STUDENTEN *im Hinabgehen nach Raum 1:* Er hat nein gesagt.
20   *Zum Knaben:* Warum antwortest du nicht dem Brauch gemäß?
Wer a gesagt hat, der muß auch b sagen. Als du seinerzeit gefragt
wurdest, ob du auch einverstanden sein würdest mit allem, was sich
aus der Reise ergeben könnte, hast du mit ja geantwortet.

DER KNABE   Die Antwort, die ich gegeben habe, war falsch, aber eure
25   Frage war falscher. Wer a sagt, der muß nicht b sagen. Er kann
auch erkennen, daß a falsch war. Ich wollte meiner Mutter Medizin
holen, aber jetzt bin ich selber krank geworden, es ist also nicht mehr
möglich. Und ich will sofort umkehren, der neuen Lage entsprechend. Auch euch bitte ich umzukehren und mich heimzubringen.
30   Euer Lernen kann durchaus warten. Wenn es drüben etwas zu lernen
gibt, was ich hoffe, so könnte es nur das sein, daß man in unserer
Lage umkehren muß. Und was den alten großen Brauch betrifft, so
sehe ich keine Vernunft an ihm. Ich brauche vielmehr einen neuen
großen Brauch, den wir sofort einführen müssen, nämlich den
35   Brauch, in jeder neuen Lage neu nachzudenken.

DIE DREI STUDENTEN *zum Lehrer:* Was sollen wir tun? Was der Knabe
sagt, ist vernünftig, wenn es auch nicht heldenhaft ist.

DER LEHRER   Ich überlasse es euch, was ihr tun sollt. Aber ich muß euch
sagen, daß man euch mit Gelächter und Schande überschütten wird,
40   wenn ihr umkehrt.

die Schmähung scorn   abhalten prevent
anzunehmen (an-nehmen) to accept

begründeten (begründen) established

feiger more cowardly

DIE DREI STUDENTEN   Ist es keine Schande, daß er für sich selber spricht?

DER LEHRER   Nein.   Darin sehe ich keine Schande.

DIE DREI STUDENTEN   Dann wollen wir umkehren, und kein Gelächter und
keine Schmähung sollen uns abhalten, das Vernünftige zu tun, und
5   kein alter Brauch uns hindern, einen richtigen Gedanken anzunehmen.
Lehne deinen Kopf an unsern Arm.
Strenge dich nicht an.
Wir tragen dich vorsichtig.

10   DER GROSSE CHOR
So nahmen die Freunde den Freund
Und begründeten einen neuen Brauch
Und ein neues Gesetz
Und brachten den Knaben zurück.
15   Seit an Seit gingen sie zusammengedrängt
Entgegen der Schmähung
Entgegen dem Gelächter, mit offenen Augen
Keiner feiger als sein Nachbar.

Exercises

I. Based on *Der Jasager* (pp. 71–83).

A. Fill in the blanks with an appropriate adjective.

1. Der Junge war nicht zur Schule gegangen, weil seine Mutter _____ war.
2. Jenseits der Berge wohnten die _____ Ärzte.
3. Der Lehrer wollte den Knaben nicht mitnehmen, weil es eine _____ und _____ Wanderung war.
4. Der Knabe wollte bei den _____ Ärzten Medizin für seine Mutter holen.
5. Der Knabe war _____ vom Steigen.
6. Er konnte seine _____ Füße kaum mehr schleppen.
7. Die _____ Stadt wartete auf die Medizin.
8. Die Freunde warfen den Knaben hinab mit _____ Augen.
9. Keiner war _____ als sein Nachbar.
10. Sie beklagten die _____ Wege der Welt.

B. Change the following quotations into indirect discourse, using the present subjunctive and beginning with *Er sagte*, ...

1. Meine Mutter ist krank.
2. Ich muß noch einmal mit ihr reden.
3. Ich werde eine Wanderung machen.
4. Gegen diese Krankheit kenne ich keine Medizin.
5. Wir wollen ein wenig ausruhen.
6. Ich fühle mich nicht wohl.
7. Der Knabe ist müde vom Steigen.
8. Wir müssen ihn hier zurücklassen.
9. Solche Dinge darf man nicht sagen.
10. Ich halte das nicht für richtig.

II. Based on *Der Neinsager* (pp. 85–97).

A. Fill in the blanks with the comparative form of the adjective used in the first clause.

1. Meine Antwort war falsch, aber eure Frage war noch _____.
2. Ich bin zwar feige, aber du bist noch _____ als ich.
3. Die erste Reise war sehr gefährlich, aber diese wird noch _____ sein.
4. Vor einer Stunde war ich müde; jetzt bin ich von dem vielen Steigen noch _____ geworden.
5. Schon in der Hütte sah er seltsam aus, aber jetzt sieht er noch _____ aus als vorher.

B. Complete each of the following stems.

1. Der Knabe war nicht zur Schule gekommen, weil
2. Der Lehrer machte eine Reise in die Berge, um
3. Der Lehrer sagte zu dem Knaben: »Es ist ganz unmöglich, daß
4. Der Knabe wollte mit auf die Reise, um
5. Die Mutter zweifelte nicht an dem, was
6. Beim Morgengrauen konnte der Knabe kaum
7. Die Studenten wollten nicht umkehren, sondern
8. Der große Brauch schreibt vor, daß man den, welcher krank wurde, befragt, ob
9. Der Brauch schreibt auch vor, daß der, welcher krank wurde, antwortet:
10. Der Knabe will einen neuen Brauch einführen, nämlich den Brauch,

III. Based on *Der Jasager* and *Der Neinsager*.

Indicate which of the following choices is correct.

1. Warum war der Knabe nicht zur Schule gekommen?
   a. Er mußte Medizin holen.
   b. Seine Mutter war krank.
   c. Er selbst war krank.

2. Der Knabe wollte mit auf die Reise, weil er
   a. für seine Mutter Medizin holen wollte.
   b. von zu Hause und von der Mutter weg wollte.
   c. jenseits der Berge einen Lehrer besuchen wollte.

3. Der Lehrer wollte den Knaben nicht mitnehmen, weil
   a. er wußte, daß der Knabe den Anstrengungen nicht gewachsen war.
   b. die Mutter ihren Sohn nicht aus den Augen lassen wollte.
   c. es eine schwierige und gefährliche Wanderung war.

4. In *Der Neinsager* schreibt der große Brauch vor:
   a. Wer nicht weiter kann, wird ins Tal hinabgeschleudert.
   b. Wer krank wird, darf nicht befragt werden, ob man umkehren soll.
   c. Wer a sagt, muß auch b sagen.

5. In *Der Jasager* warfen die Studenten den Knaben ins Tal hinab, weil
   a. der Brauch es vorschrieb.
   b. der Knabe es verlangte.
   c. der Lehrer es verlangte.

6. In *Der Neinsager* antwortete der Knabe auf die Frage, ob man wegen ihn umkehren soll,
   a. dem großen Brauch gemäß.
   b. wie es der Lehrer erwartete.
   c. der neuen Lage entsprechend.

7. Was will Brecht durch diese zwei Stücke zeigen?
   a. Alle großen Bräuche sollten aufgegeben werden.
   b. Das Gesetz ist immer wichtiger als das Individuum.
   c. Man soll in jeder neuen Lage neu nachdenken.

FRANZ KAFKA

Few authors have lived such an uneventful and provincial life as Franz Kafka. He was born on July 3, 1883, in the city of Prague (today the capital of Czechoslovakia), which at that time was part of the Austro-Hungarian Empire but which was even then primarily Czech in its population and language. Kafka came from a German-speaking Jewish family, and so he grew up as a member of a minority within a minority: to the Czechs he was a German, and to the Germans he was a Jew.

This sense of being twice an outsider, together with a love-hate relationship with his father, produced in Kafka an obsession with the problem of human relationships, with the question of whether or not relationships are possible at all. His profound anxiety and his compulsion to translate his anxiety into words, to record (usually late at night) his fears and visions of estrangement and isolation led to an overwhelming feeling of guilt: guilt for not leading the kind of normal and successful life his father led and guilt for writing about it.

Kafka's writings frequently turn on the theme of the individual's relationship to authority, an authority often represented as an impenetrable legal system. Typical in this respect is the parable *Vor dem Gesetz*, in which a man comes from the country to request admission into the law. Kafka says little about the man: he is an anonymous Everyman, as depersonalized as the bureaucracy with which he must deal. Although he is treated with indifference and condescension, he never seriously questions the authority of the "Türhüter." And the responsibility for his failure finally seems to rest not with the law but with himself—he is a man who failed to fulfill his destiny. The accused man in *Der Schlag ans Hoftor* also accepts authority unquestioningly. A harmless prank, or perhaps nothing at all, sets into motion the efficient machinery of law enforcement, complete with officers on horseback and a laconic judge. As the story develops, reality becomes increasingly grotesque, and the grotesque assumes ever more reality until the room in which the narrator finds himself is transformed into a prison from which he will never be released.

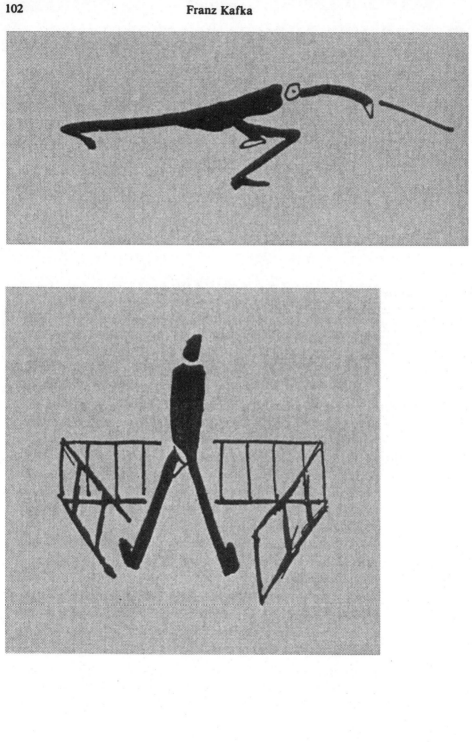

The prospect of absolute freedom can be as frightening as total confinement. In *Kleine Fabel* the terrified mouse is relieved to find walls that can serve as points of orientation, only to discover that no matter which way it turns, it will run head-on into death. The policeman in *Gibs auf!* is hardly more helpful than the cat in *Kleine Fabel*. Convinced that his and not the official clock must be wrong, the frightened stranger rushes to the policeman who, instead of helping and assuring him, only creates more anxiety.

The heroes in Kafka, if such helpless victims can be called heroes at all, are engaged in endless quests, travelling on unfamiliar roads and moving toward unknown or unknowable destinations. At times their only goal is escape or, as the rider in *Der Aufbruch* puts it, "Weg von hier—das ist mein Ziel."

As an author Kafka's reputation rests as much on his style as on the power of his themes. A precise craftsman, he always chose words with utmost care. In *Gibs auf!*, for example, he used "Schutzmann" (Schutz = security) rather than "Polizist," thus reminding the reader that the desperate stranger had turned to the officer for security as well as for directions. In *Der Schlag ans Hoftor* the narrator's switching to the passive voice during the interrogation—"wurde ängstlich geantwortet"— underscores his increasing submissiveness and depersonalization.

Questions for Thought and Discussion

It becomes obvious very quickly, even in the small sampling of Kafka prose printed here, that the possibilities for interpretation are numerous and varied. It may be best, therefore, to focus our questions on a few issues. Kafka had studied law, he had gained a doctorate, and he had worked (ironically enough) for an insurance company. Can you detect any thematic and stylistic qualities in his writings which reflect his legal training and occupation?

What reflection of his ethnic background or of his relationship with his father do you find in these works?

These narratives bear similarities to fairy tales. What features of his tales remind you of fairy tales?

All the selections printed here either are told in the present tense or end in the present. What is the effect of this technique on the reader?

What significance is there in the fact that none of these selections is set in a specific time or place and that none of the figures is named?

Deception is a common theme in Kafka's works. In what forms does that theme appear here?

das Gesetz law

der Türhüter guard
bittet um Eintritt (bitten) requests admission
gewähren grant

das Tor gate
bückt sich (sich bücken) bends down
merkt (merken) notices
lockt (locken) entices   trotz meinem Verbot in spite of my prohibition
Merke remember
der Saal room
der Anblick sight   nicht einmal ich not even I   vertragen bear

zugänglich accessible
der Pelzmantel fur coat   die Spitznase pointed nose

die Erlaubnis permission   bekommt (bekommen) receives
der Schemel stool
der Versuch attempt

stellt öfters kleine Verhöre mit ihm an (an-stellen) questions him briefly now and then
nach vielem anderen about many other things   teilnahmslos indifferent

der sich für seine Reise mit vielem ausgerüstet hat (sich aus-rüsten) who had taken along
many provisions for this trip
verwendet (verwenden) uses   sei es noch so wertvoll no matter how valuable
bestechen bribe
versäumt zu haben (versäumen) to have neglected
beobachtet (beobachten) observes   ununterbrochen continually

Vor dem Gesetz

Vor dem Gesetz steht ein Türhüter. Zu diesem Türhüter kommt ein Mann vom Lande und bittet um Eintritt in das Gesetz. Aber der Türhüter sagt, daß er ihm jetzt den Eintritt nicht gewähren könne. Der Mann überlegt und fragt dann, ob er also später werde eintreten dürfen. »Es ist möglich«, sagt
5 der Türhüter, »jetzt aber nicht.« Da das Tor zum Gesetz offensteht wie immer und der Türhüter beiseite tritt, bückt sich der Mann, um durch das Tor in das Innere zu sehen. Als der Türhüter das merkt, lacht er und sagt: »Wenn es dich so lockt, versuche es doch, trotz meinem Verbot hineinzugehen. Merke aber: Ich bin mächtig. Und ich bin nur der unterste
10 Türhüter. Von Saal zu Saal stehen aber Türhüter, einer mächtiger als der andere. Schon den Anblick des dritten kann nicht einmal ich mehr vertragen.« Solche Schwierigkeiten hat der Mann vom Lande nicht erwartet, das Gesetz soll doch jedem und immer zugänglich sein, denkt er, aber als er jetzt den Türhüter in seinem Pelzmantel genauer ansieht, seine große Spitz-
15 nase, den langen, dünnen, schwarzen, tatarischen Bart, entschließt er sich doch, lieber zu warten, bis er die Erlaubnis zum Eintritt bekommt. Der Türhüter gibt ihm einen Schemel und läßt ihn seitwärts von der Tür sich niedersetzen. Dort sitzt er Tage und Jahre. Er macht viele Versuche, eingelassen zu werden und ermüdet den Türhüter durch seine Bitten. Der
20 Türhüter stellt öfters kleine Verhöre mit ihm an, fragt ihn nach seiner Heimat aus und nach vielem anderen, es sind aber teilnahmslose Fragen, wie sie große Herren stellen, und zum Schlusse sagt er ihm immer wieder, daß er ihn noch nicht einlassen könne. Der Mann, der sich für seine Reise mit vielem ausgerüstet hat, verwendet alles, und sei es noch so wertvoll, um den
25 Türhüter zu bestechen. Dieser nimmt zwar alles an, aber sagt dabei: »Ich nehme es nur an, damit du nicht glaubst, etwas versäumt zu haben.« Während der vielen Jahre beobachtet der Mann den Türhüter fast ununter-

das Hindernis obstacle   **verflucht** (verfluchen) curses   **den unglücklichen Zufall** the stroke of bad luck
brummt (brummen) mutters
vor sich hin to himself
der Floh flea   **der Pelzkragen** fur collar   **erkannt hat** (erkennen) saw
umzustimmen (um-stimmen) to change the mind of

täuschen deceive
der Glanz light   **unverlöschlich** inextinguishably
sammeln sich . . . alle Erfahrungen . . . zu einer Frage all his experiences form a single question

winkt ihm zu (zu-winken) beckons to him   **erstarrenden** here: dying

hinunterneigen bow down   **die Größenunterschiede haben sich sehr zuungunsten des Mannes verändert** (sich verändern) the differences in height have changed greatly to the disadvantage of the man
unersättlich insatiable   **streben . . . nach** strive after

außer except
um sein vergehendes Gehör noch zu erreichen in order to reach his fading sense of hearing
brüllt . . . an (an-brüllen) screams at   **niemand sonst** no one else
bestimmt destined

brochen. Er vergißt die anderen Türhüter, und dieser erste scheint ihm das
einzige Hindernis für den Eintritt in das Gesetz. Er verflucht den unglücklichen Zufall in den ersten Jahren laut, später, als er alt wird, brummt er nur
noch vor sich hin. Er wird kindisch, und da er in dem jahrelangen Studium
5 des Türhüters auch die Flöhe in seinem Pelzkragen erkannt hat, bittet er
auch die Flöhe, ihm zu helfen und den Türhüter umzustimmen. Schließlich
wird sein Augenlicht schwach, und er weiß nicht, ob es um ihn wirklich
dunkler wird oder ob ihn nur die Augen täuschen. Wohl aber erkennt er
jetzt im Dunkel einen Glanz, der unverlöschlich aus der Türe des Gesetzes
10 bricht. Nun lebt er nicht mehr lange. Vor seinem Tode sammeln sich in
seinem Kopfe alle Erfahrungen der ganzen Zeit zu einer Frage, die er bisher
an den Türhüter noch nicht gestellt hat. Er winkt ihm zu, da er seinen erstarrenden Körper nicht mehr aufrichten kann. Der Türhüter muß sich tief zu
ihm hinunterneigen, denn die Größenunterschiede haben sich sehr zu-
15 ungunsten des Mannes verändert. »Was willst du denn jetzt noch wissen?«
fragt der Türhüter, »du bist unersättlich.« »Alle streben doch nach dem
Gesetz«, sagt der Mann, »wie kommt es, daß in den vielen Jahren niemand
außer mir Einlaß verlangt hat?« Der Türhüter erkennt, daß der Mann
schon am Ende ist, und um sein vergehendes Gehör noch zu erreichen,
20 brüllt er ihn an: »Hier konnte niemand sonst Einlaß erhalten, denn dieser
Eingang war nur für dich bestimmt. Ich gehe jetzt und schließe ihn.«

die Mauer wall

eilen . . . aufeinander zu approach each other

der Winkel corner   die Falle trap

die Laufrichtung direction   ändern change   fraß (fressen) ate

Gibs auf (auf-geben) give it up

die Turmuhr tower clock   verglich (vergleichen) compared

mich . . . beeilen (sich beeilen) hurry   der Schrecken shock

ließ mich . . . unsicher werden (lassen) made me uncertain

kannte mich . . . aus (sich aus-kennen) knew my way around   glücklicherweise fortunately

atemlos breathlessly

erfahren to find out

wandte sich mit einem großen Schwunge ab (sich ab-wenden) turned away with a flourish

der Aufbruch departure

befahl (befehlen) ordered   der Stall stable

bestieg (besteigen) mounted

was das bedeutete (bedeuten) what the meaning of it was

hielt er mich auf (auf-halten) he stopped me

Immerfort always

das Ziel goal   erreichen reach   Du kennst also (kennen) so you know

Weg away

Drei Parabeln

Kleine Fabel

»Ach«, sagte die Maus, »die Welt wird enger mit jedem Tag. Zuerst war sie so breit, daß ich Angst hatte, ich lief weiter und war glücklich, daß ich endlich rechts und links in der Ferne Mauern sah, aber diese langen Mauern eilen so schnell aufeinander zu, daß ich schon im letzten Zimmer bin, und
5 dort im Winkel steht die Falle, in die ich laufe.«—»Du mußt nur die Laufrichtung ändern«, sagte die Katze und fraß sie.

Gibs auf!

Es war sehr früh am Morgen, die Straßen rein und leer, ich ging zum Bahnhof. Als ich eine Turmuhr mit meiner Uhr verglich, sah ich, daß es schon viel später war, als ich geglaubt hatte, ich mußte mich sehr beeilen, der Schrecken über diese Entdeckung ließ mich im Weg unsicher werden, ich
5 kannte mich in dieser Stadt noch nicht sehr gut aus, glücklicherweise war ein Schutzmann in der Nähe, ich lief zu ihm und fragte ihn atemlos nach dem Weg. Er lächelte und sagte: »Von mir willst du den Weg erfahren?« »Ja«, sagte ich, »da ich ihn selbst nicht finden kann.« »Gibs auf, gibs auf«, sagte er und wandte sich mit einem großen Schwunge ab, so wie Leute,
10 die mit ihrem Lachen allein sein wollen.

Der Aufbruch

Ich befahl mein Pferd aus dem Stall zu holen. Der Diener verstand mich nicht. Ich ging selbst in den Stall, sattelte mein Pferd und bestieg es. In der Ferne hörte ich eine Trompete blasen, ich fragte ihn, was das bedeutete. Er wußte nichts und hatte nichts gehört. Beim Tore hielt er mich auf und
5 fragte: »Wohin reitet der Herr?« »Ich weiß es nicht«, sagte ich, »nur weg von hier, nur weg von hier. Immerfort weg von hier, nur so kann ich mein Ziel erreichen.« »Du kennst also dein Ziel«, fragte er. »Ja«, antwortete ich, »ich sagte es doch. Weg von hier—das ist mein Ziel.«

Der Schlag knock   das Hoftor gate to a farm yard

kam . . . vorüber (vorüber-kommen) passed by

aus Mutwillen deliberately   aus Zerstreutheit absentmindedly
drohte sie nur (drohen) did she merely threaten   die Faust fist
an der nach links sich wendenden Landstraße where the road turns left

kamen . . . hervor (hervor-kommen) appeared
selbst erschrocken even frightened   gebückt vor Schrecken (sich bücken) cowering with fear
der Hof farm   erinnerten (erinnern) reminded

der Hofbesitzer owner of a farm   werden uns verklagen will bring court action against us
die Untersuchung investigation

wird deswegen . . . ein Beweis geführt (führen) for this sort of thing court action will be
initiated
suchte = versuchte   begreiflich comprehensible
enthielten sich aber eines Urteils (sich enthalten + gen.) refrained, however, from making
a judgment
werde angeklagt werden (an-klagen) will be arraigned   nickte (nicken) nodded

der Staub dust   verhüllte (verhüllen) covered
die Spitze point   blinkten (blinken) glistened

drängte . . . fort (fort-drängen) urged to leave
ins Reine into the clear   weigerte sich (sich weigern) refused
sich . . . umkleiden change her clothes
folgte (folgen) obeyed   machte sich auf (sich machen auf) set out on

augenblicklich at the moment

Der Schlag ans Hoftor

Es war im Sommer, ein heißer Tag. Ich kam auf dem Nachhauseweg mit
meiner Schwester an einem Hoftor vorüber. Ich weiß nicht, schlug sie aus
Mutwillen ans Tor oder aus Zerstreutheit oder drohte sie nur mit der Faust
und schlug gar nicht. Hundert Schritte weiter an der nach links sich wen-
5 denden Landstraße begann das Dorf. Wir kannten es nicht, aber gleich nach
dem ersten Haus kamen Leute hervor und winkten uns, freundschaftlich oder
warnend, selbst erschrocken, gebückt vor Schrecken. Sie zeigten nach dem
Hof, an dem wir vorübergekommen waren, und erinnerten uns an den
Schlag ans Tor. Die Hofbesitzer werden uns verklagen, gleich werde die
10 Untersuchung beginnen. Ich war sehr ruhig und beruhigte auch meine
Schwester. Sie hatte den Schlag wahrscheinlich gar nicht getan, und hätte
sie ihn getan, so wird deswegen nirgends auf der Welt ein Beweis geführt.
Ich suchte das auch den Leuten um uns begreiflich zu machen, sie hörten
mich an, enthielten sich aber eines Urteils. Später sagten sie, nicht nur
15 meine Schwester, auch ich als Bruder werde angeklagt werden. Ich nickte
lächelnd. Alle blickten wir zum Hofe zurück, wie man eine ferne Rauch-
wolke beobachtet und auf die Flamme wartet. Und wirklich, bald sahen
wir Reiter ins weit offene Hoftor einreiten. Staub erhob sich, verhüllte alles,
nur die Spitzen der hohen Lanzen blinkten. Und kaum war die Truppe im
20 Hof verschwunden, schien sie gleich die Pferde gewendet zu haben und war
auf dem Wege zu uns. Ich drängte meine Schwester fort, ich werde alles
allein ins Reine bringen. Sie weigerte sich, mich allein zu lassen. Ich sagte,
sie solle sich aber wenigstens umkleiden, um in einem besseren Kleid
vor die Herren zu treten. Endlich folgte sie und machte sich auf den langen
25 Weg nach Hause. Schon waren die Reiter bei uns, noch von den Pferden
herab fragten sie nach meiner Schwester. Sie ist augenblicklich nicht hier,
wurde ängstlich geantwortet, werde aber später kommen. Die Antwort

gleichgültig indifferently

der Richter judge

der Gehilfe assistant

wurde aufgefordert (auf-fordern) was asked　**die Bauernstube** sitting room

den Kopf wiegend moving my head from side to side　**an den Hosenträgern rückend** pulling on my suspenders　**setzte ich mich . . . in Gang** I started moving

werde genügen would suffice　**der Städter** man from the city　**unter Ehren** honorably

die Schwelle threshhold

der vorgesprungen war (vor-springen) who had run ahead

der Zweifel doubt

der Zustand situation

einer Gefängniszelle ähnlicher more like a prison cell

die Steinfliese flagstone　**kahl** bare

eingemauert set into the wall　**die Pritsche** plank bed

schmecken taste　**als die des Gefängnisses** than that of a prison

die Aussicht prospect

die Entlassung release

wurde fast gleichgültig aufgenommen; wichtig schien vor allem, daß sie mich gefunden hatten. Es waren hauptsächlich zwei Herren, der Richter, ein junger, lebhafter Mann, und sein stiller Gehilfe, der Aßmann genannt wurde. Ich wurde aufgefordert in die Bauernstube einzutreten. Langsam, 5 den Kopf wiegend, an den Hosenträgern rückend, setzte ich mich unter den scharfen Blicken der Herren in Gang. Noch glaubte ich fast, ein Wort werde genügen, um mich, den Städter, sogar noch unter Ehren, aus diesem Bauernvolk zu befreien. Aber als ich die Schwelle der Stube überschritten hatte, sagte der Richter, der vorgesprungen war und mich schon er- 10 wartete: »Dieser Mann tut mir leid.« Es war aber über allem Zweifel, daß er damit nicht meinen gegenwärtigen Zustand meinte, sondern das, was mit mir geschehen würde. Die Stube sah einer Gefängniszelle ähnlicher als einer Bauernstube. Große Steinfliesen, dunkel, ganz kahle Wand, irgendwo eingemauert ein eiserner Ring, in der Mitte etwas, das halb Pritsche, halb 15 Operationstisch war.

Könnte ich noch andere Luft schmecken als die des Gefängnisses? Das ist die große Frage oder vielmehr, sie wäre es, wenn ich noch Aussicht auf Entlassung hätte.

Exercises

I. Based on *Vor dem Gesetz,* to p. 105 (line 16).

A. Fill in the blanks.

1. _____ dem Gesetz steht ein Türhüter.
2. Ein Mann vom Lande kommt zu _____.
3. Er bittet _____ Eintritt in das Gesetz.
4. Der Türhüter sagt, daß er ihm jetzt den Eintritt nicht _____ könne.
5. Der Mann überlegt und fragt dann, _____ er später eintreten dürfe.
6. Der Mann bückt sich, _____ in das Innere zu sehen.
7. Der Mann hat erwartet, daß das Gesetz jedem und immer _____ sei.
8. Er entschließt sich zu warten, _____ er die Erlaubnis bekommt.

B. Complete each of the following sentences with the given verb(s) in both the present and the narrative past.

1. Vor dem Gesetz _____ (*stehen*) ein Türhüter.
2. Ein Mann vom Lande _____ (*kommen*) zu ihm.
3. Er _____ (*bitten*) um Eintritt in das Gesetz.
4. Der Türhüter _____ (sagen), daß er ihm jetzt den Eintritt nicht gewähren _____ (*können*). (Last verb in present subjunctive I or II.)
5. Der Mann _____ (überlegen) und _____ (fragen), ob er später eintreten _____ (*dürfen*). (Last verb in present subjunctive I or II.)
6. Der Mann _____ (sich bücken), um in das Innere zu sehen.
7. Der Mann _____ (erwarten), daß das Gesetz jedem und immer zugänglich _____ (*sein*). (First verb in present perfect and past perfect; last verb in present subjunctive I only.)
8. Er _____ (*sich entschließen*) zu warten, bis er die Erlaubnis _____ (*bekommen*).

C. Construct sentences in both the present and the narrative past with the given elements.

1. Vor / Gesetz / stehen / Türhüter
2. Mann / von / Land / kommen / zu / ihm
3. Er / bitten / um / Eintritt / in / Gesetz
4. Türhüter / sagen / / daß / er / ihm / jetzt / Eintritt / nicht / gewähren / können (Last verb in present subjunctive I or II.)
5. Mann / überlegen / und / fragen / / ob / er / später / eintreten / dürfen (Last verb in present subjunctive I or II.)
6. Mann / sich bücken / / um / in / Innere / zu / sehen
7. Mann / erwarten / / daß / Gesetz / jedem / und / immer / zugänglich / sein (First verb in present perfect and past perfect; last verb in present subjunctive I only.)
8. Er / sich entschließen / warten / / bis / er / Erlaubnis / bekommen

D. Express in German.

1. A guard stands in front of the law.
2. A man from the country comes to him.
3. He requests admission into the law.
4. The guard says that he cannot grant him admission to the law now.
5. The man reflects and then asks whether he will be allowed to enter later.
6. The man bends down in order to look inside.
7. The man expected that the law would be accessible to everybody and at all times.
8. He decides to wait until he receives permission.

E. Answer in German.

1. Wer steht vor dem Gesetz?
2. Wer kommt zu ihm?
3. Worum bittet der Mann?
4. Was sagt ihm der Türhüter?
5. Was fragt der Mann dann?
6. Warum bückt sich der Mann?
7. Was hatte der Mann vom Lande erwartet?
8. Wozu entschließt sich der Mann?

II. Based on *Vor dem Gesetz*, p. 105 (16) to end.

A. Fill in the blanks.

1. Der Türhüter hat einen _____ Bart und trägt einen Pelzmantel.
2. Der Türhüter gibt _____ Mann einen Schemel.
3. _____ und _____ sitzt der Mann da.
4. Er macht viele _____, eingelassen zu werden.
5. Der Türhüter sagt ihm _____ wieder, daß er ihn noch nicht einlassen könne.
6. Vor seinem Tod fragt er: »Wie kommt es, daß in den vielen Jahren niemand außer _____ Einlaß verlangt hat.«
7. Der Türhüter antwortet: »Dieser Eingang war nur für dich _____«.

B. Complete each of the following sentences with the given verb(s) in both the present and the narrative past.

1. Der Türhüter _____ (*haben*) einen langen Bart und _____ (*tragen*) einen Pelzmantel.
2. Der Türhüter _____ (*geben*) ihm einen Schemel.
3. Tage and Jahre _____ (*sitzen*) der Mann da.
4. Er _____ (machen) viele Versuche, _____ (*ein-lassen*). (Last verb in present passive infinite only.)

5. Der Türhüter _____ (sagen) ihm immer wieder, daß er ihn noch nicht
   einlassen _____ (*können*). (Last verb in present subjunctive I or II only.)

6. Vor seinem Tod _____ (fragen) er: »Wie _____ (*kommen*) es, daß
   in den vielen Jahren niemand außer mir Einlaß _____ (verlangen). (Second verb in present tense only, last verb in present perfect only.)

7. Der Türhüter _____ (antworten): Dieser Eingang _____ (*sein*) nur
   für dich bestimmt. (Last verb in narrative past only.)

C. Construct sentences in both the present and the narrative past with the given
   elements.

1. Türhüter / haben / lang / Bart / und / tragen / Pelzmantel
2. Türhüter / geben / ihm / Schemel
3. Tag / und / Jahr / sitzen / er / da
4. Er / machen / viel / Versuche / ein-lassen (Last verb in present passive infinite only.)
5. Türhüter / sagen / ihm / immer wieder / / daß / er / ihn / noch nicht / ein-
   lassen / können (Last verb in present subjunctive I or II only.)
6. Vor / sein / Tod / fragen / er / / wie / kommen / es / / daß / in / viel /
   Jahr / niemand / außer / mir / Einlaß / verlangen (Second verb in
   present only; last verb in present perfect only.)
7. Türhüter / antworten / / dies / Eingang / sein / nur / für / dich /
   bestimmt (Last verb in narrative past only.)

D. Express in German.

1. The guard has a long beard and wears a fur coat.
2. The guard gives him a stool.
3. He sits there for days and years.
4. He makes many attempts to be let in.
5. The guard tells him again and again that he cannot let him in yet.
6. Before his death he asks, "How come that in these many years nobody but
   me has asked for admission to the law."
7. The guard answers, "This entrance was destined for you alone."

III. Based on *Vor dem Gesetz*.

Indicate which of the following choices is correct.

1. *Sich bücken* ist das Gegenteil von
   a. sich setzen.
   b. sich aufrichten.
   c. sich überlegen.

2. Wenn ich jemanden *besteche*,
   a. gelingt es mir, ihn zu täuschen.
   b. zwinge ich ihn, etwas für richtig zu halten.
   c. versuche ich, ihn mit Geld zu gewinnen.

3. *Ununterbrochen* bedeutet soviel wie
   a. fast nie.
   b. ohne Pause.
   c. immer wieder.

4. Wenn ich jemanden *beobachte*,
   · a. sehe ich ihn genau an.
   b. denke ich über ihn nach.
   c. frage ich ihn aus.

5. *Sein Augenlicht wird schwach* bedeutet
   a. er sieht sich nichts mehr an.
   b. er sieht nicht mehr gut aus.
   c. er sieht immer schlechter.

IV. Based on *Kleine Fabel*, p. 109.

Fill in the blanks.

»Ach«, sagte die Maus, »die Welt _____ enger mit jedem Tag. _____ war
sie so breit, daß ich _____ hatte, ich lief weiter und war _____, daß ich endlich rechts und links in der Ferne _____ sah, aber diese langen Mauern _____
so schnell aufeinander zu, daß ich schon im letzten _____ bin, und dort im
Winkel steht die _____, in die ich laufe.«—»Du mußt nur die Laufrichtung
_____«, sagte die _____ und _____ sie.

V. Based on *Gibs auf!*, p. 109.

Fill in the blanks with the correct preposition and an article, possessive adjective, or pronoun as required.

Es war sehr früh _____ Morgen, die Straßen rein und leer, ich ging _____
Bahnhof. Als ich eine Turmuhr _____ _____ Uhr verglich, sah ich, daß
es schon viel später war, als ich geglaubt hatte, ich mußte mich sehr beeilen,
der Schrecken _____ _____ Entdeckung ließ mich _____ Weg unsicher
werden, ich kannte mich _____ _____ Stadt noch nicht sehr gut aus,
glücklicherweise war ein Schutzmann _____ _____ Nähe, ich lief _____
_____ und fragte ihn atemlos _____ _____ Weg. Er lächelte und
sagte: »_____ _____ willst du den Weg erfahren?« »Ja«, sagte ich, »da
ich ihn selbst nicht finden kann.« »Gibs auf, gibs auf«, sagte er und wandte
sich _____ _____ großen Schwunge ab, so wie Leute, die _____ _____
Lachen allein sein wollen.

VI. Read *Der Aufbruch* aloud in the present tense.

VII. Retell or rewrite *Der Schlag ans Hoftor* in simple German as a third person
narrative.

VIII. German is sometimes set in a type known as *Fraktur*. Printed opposite is the German alphabet in *Fraktur*; below is a facsimile of part of Kafka's *Vor dem Gesetz* as it was first published.

Franz Kafka/ Vor dem Gesetz

Vor dem Gesetz steht ein Türhüter. Zu diesem Türhüter kommt ein Mann vom Lande und bittet um Eintritt in das Gesetz. Aber der Türhüter sagt, daß er ihm jetzt den Eintritt nicht gewähren könne. Der Mann überlegt und fragt dann, ob er also später werde eintreten dürfen. „Es ist möglich," sagt der Türhüter, „jetzt aber nicht." Da das Tor zum Gesetz offensteht wie immer und der Türhüter beiseite tritt, bückt sich der Mann, um durch das Tor in das Innere zu sehn. Als der Türhüter das merkt, lacht er und sagt: „Wenn es dich so lockt, versuche es doch, trotz meines Verbotes hineinzugehn. Merke aber: Ich bin mächtig. Und ich bin nur der unterste Türhüter. Von Saal zu Saal stehn aber Türhüter, einer mächtiger als der andere. Schon den Anblick des dritten kann nicht einmal ich mehr ertragen." Solche Schwierigkeiten hat der Mann vom Lande nicht erwartet; das Gesetz soll doch jedem und immer zugänglich sein, denkt er, aber als er jetzt den Türhüter in seinem Pelzmantel genauer ansieht, seine große Spitznase, den langen, dünnen, schwarzen tatarischen Bart, entschließt er sich, doch lieber zu warten, bis er die Erlaubnis zum Eintritt bekommt. Der Türhüter gibt ihm einen Schemel und läßt ihn seitwärts von der Tür sich niedersetzen. Dort sitzt er Tage und Jahre. Er macht viele Versuche, eingelassen zu werden, und ermüdet den Türhüter durch seine Bitten. Der Türhüter stellt öfters kleine Verhöre mit ihm an, fragt ihn über seine Heimat aus und nach vielem andern, es sind aber teilnahmslose Fragen, wie sie große Herren stellen, und zum Schlusse sagt er ihm immer

Fraktur

Das kleine Alphabet

a	b	c	d	e	f	g	h	i	j	k	l	m	n
a	b	c	d	e	f	g	h	i	j	k	l	m	n

o	p	q	r	s	s	t	u	v	w	x	y	z
o	p	q	r	s	s	t	u	v	w	x	y	z

ä	ö	ü	ß	ß	ch	sch
ä	ö	ü	tz	ss	ch	sch

Das grosse Alphabet

A	B	C	D	E	F	G	H	I or J	K	L	M
A	B	C	D	E	F	G	H	I or J	K	L	M

N	O	P	Q	R	S	T	U	V	W	X	Y	Z
N	O	P	Q	R	S	T	U	V	W	X	Y	Z

Ä	Ö	Ü	Eu	Ei	Ch	Sch	St	Qu
Ä	Ö	Ü	Eu	Ei	Ch	Sch	St	Qu

IX. In addition to German type, there is also German script, a kind of handwriting used and taught in Germany through the 1930s. It is now largely obsolete, and even many native Germans have difficulty reading it. Printed below is a facsimile of Kafka's curriculum vitae in his own hand, together with a transcript.

Ich bin am 3. Juli 1883 in Prag geboren, besuchte die Altstädter Volksschule bis zur 4ten Klasse, trat dann in das Altstädter deutsche Staatsgymnasium; mit 18 Jahren begann ich meine Studien an der deutschen Karl-Ferdinands-Universität in Prag. Nachdem ich die letzte Staatsprüfung absolviert hatte, trat ich am 1 April 1906 als Concipient beim Adv. Dr. Richard Löwy Altstädter Ring ein. Im Juni legte ich das historische Rigorosum ab und wurde in demselben Monat zum Doktor der Rechte promoviert.

Ich war, wie ich es mit dem Herrn Advokaten auch gleich vereinbart hatte, in die Kanzlei nur eingetreten, um die Zeit auszunützen, denn schon am Anfang hatte ich die Absicht, nicht bei der Advokatur zu bleiben. Am 1 Oktober 1906 trat ich in die Rechtspraxis ein und blieb dort bis zum 1 Oktober 1907.

DR. FRANZ KAFKA

FRIEDRICH DÜRRENMATT

Der Doppelgänger is meant to be read as a parable. A man finds himself condemned to death by a High Court for a murder committed not by him but by his double. The Court justifies its decision with the claim "Alle Menschen sind des Todes schuldig." The man's repeated assertions of innocence are of no avail and he is taken to jail under sentence of death. On the night of his execution the double returns and sets out to prove to the man that he, too, is capable of murder. That very night the man, whom the double frees from his cell, commits not one but two murders. Though in both cases he is more a victim and tool of the double and the double's wife than an active, free agent, he now unquestioningly and willingly submits to the High Court and gives himself up. With all the fervor of a new convert, he proclaims that even before he had killed he was a murderer and hence deserved to die. Man, he asserts, must accept the absolute justice of the High Court even though he cannot comprehend it.

Friedrich Dürrenmatt wrote *Der Doppelgänger* at the beginning of his career, in 1946, immediately after the defeat of Nazi Germany, and it is tempting to see in the absolute power of the High Court an allegory of totalitarian government. Though Dürrenmatt was Swiss, and therefore beyond the bounds of Hitlerism and Total War—he in fact spent the war years studying philosophy and literature at the Universities of Bern and Zürich—he was certainly aware of what was going on across the border, and he may have shared some of his generation's feelings of guilt at being prevented by national policy (and perhaps lack of physical courage) from doing anything about it. Is such a person an accomplice, "ein Mörder ohne zu töten"?

Nevertheless the themes of guilt and justice have remained important

in Dürrenmatt's work and surely are not solely attributable to the Nazi
horrors he observed from a distance in his youth. Perhaps the answer lies
closer to home. His father was a conservative Protestant minister who
preached in public and doubtless in private that humanity is by nature
sinful and corrupt, deserving to die. Dürrenmatt has written of the
atmosphere in which he grew up: "Man war dem Glauben ausgeliefert,
schutzlos und nackt." The man in *Der Doppelgänger* is in the same
state before the High Court, similarly helpless in the face of incom-
prehensible justice. Martin Luther, in setting forth his tenets of grace
and divine justice, might have been describing the Court: "Dies ist die
höchste Vollkommenheit des Glaubens—an Gottes Gnade zu glauben,
der so wenige rettet und so viele verdammt; an Seine Gerechtigkeit zu

glauben, der uns Seinem Willen gemäß verdammenswert gemacht hat. . . . Derjenige, der nicht zögert, sich vollkommen dem Willen Gottes zu unterwerfen, der ganz an sich selbt verzweifelt, der nichts für sich wählt sondern wartet, bis Gottes Gnade in ihm wirkt, dieser ist der Gnade am nächsten.''

Unlike Brecht, Dürrenmatt does not aim to demonstrate either the desirability or the possibility of changing social institutions or political structures. Rather he wishes, like the author in this radio play, to tell ''ärgerliche Geschichten,'' to portray and to explore, to annoy and to provoke us by showing the human condition with all its paradoxes, absurdities, and hopelessness. He presents continuing situations and conflicts rather than soluble problems, and if he wishes to convey any message at all, it is that our condition with all its maddening dilemmas can only be accepted, not changed. As the author explains to the furious director at the end of the play: ''Damit *müssen* wir uns zufrieden geben.''

Questions for Thought and Discussion

Dürrenmatt's radio play remains ambiguous, and its ambiguity invites a wide range of interpretive questions. What, we may ask, is Dürrenmatt's (as opposed to the man's) attitude toward the High Court? How does he express this attitude?

How are we to understand the figure of the double? Can the double be explained in psychological terms?

Doubles appear frequently in the writings of the German Romantics, such as those by E. T. A. Hoffmann. What other German authors (among those included in this anthology) do you think influenced Dürrenmatt?

In reading *Der Doppelgänger* you will want to keep in mind that it is the script for a radio play, a flourishing genre in German-speaking countries. Do you think that this play would appeal to a large listening audience? Why or why not?

What are some of the requirements of a play for radio as opposed to a stage play? Or, to put the question differently, could this script be presented as a stage play with actors and sets? If so, what changes would have to be made?

Why do you think Dürrenmatt wrote this *Hörspiel* as a play within a play? What purpose does this technique serve?

Critics vary widely in their evaluations of this work. Some consider it a neglected masterpiece, others write it off as a cheap thriller. What do you feel about the quality of *Der Doppelgänger*?

der Doppelgänger double (of a person)

das Spiel play

die Stimme voice

der Regisseur director
der Schriftsteller author

der Hörspielautor author of radio plays   **Ich verfüge über** (verfügen über + acc.) I have at
my disposal

dunkel here: sinister   **die mir auf dem Herzen liegt** (liegen) which is preying on my mind
das Motiv theme   **Es macht dies aber nichts** (machen) but that doesn't matter

Eine Handlung stellt sich . . . ein (sich ein-stellen) a plot suggests itself
Vorsicht careful   **Ich bin verpflichtet . . . zu bieten** I am obligated to present
verworren confused   **peinlich** embarrassing

Ich denke mir (sich denken) I'm imagining

gleichgültig unimportant

Sein Beruf und seine Stellung his profession and his position

Der Doppelgänger

EIN SPIEL

DIE STIMMEN

Regisseur
Schriftsteller
Der Mann (Pedro)
Der Doppelgänger (Diego)
Die Frau (Inez)
Eine Frauenstimme

REGISSEUR Sie haben mir versprochen, eine Geschichte zu erzählen, Herr
Hörspielautor. Ich bitte Sie darum. Ich verfüge über viele Stimmen, und ich darf sagen, daß es gute Stimmen sind.

SCHRIFTSTELLER Ich habe Ihnen versprochen, eine Geschichte zu erzählen,
5   Herr Hörspielregisseur. Es ist eine dunkle Geschichte, die mir auf
dem Herzen liegt, und eine seltsame, doch muß ich gestehen, daß
ich nicht viel mehr von ihr weiß als das Motiv. Es macht dies
aber nichts: Eine Handlung stellt sich immer zur rechten Zeit ein.

REGISSEUR Vorsicht. Ich bin verpflichtet, den Hörern ein geordnetes
10   Spiel zu bieten, und eine verworrene Handlung wäre peinlich.
Ich bitte Sie, dies zu bedenken.

SCHRIFTSTELLER Soweit es möglich ist, werde ich daran denken.

REGISSEUR Ich bitte Sie darum.

SCHRIFTSTELLER Ich denke mir einen Mann.

15 REGISSEUR Sein Name?

SCHRIFTSTELLER Ich kenne ihn nicht, denn sein Name ist gleichgültig.
Er ist ein Mensch wie jeder von uns.

REGISSEUR Sein Beruf und seine Stellung unter den Menschen?

125

Nebensächlich irrelevant

Nun gut okay　**die Hügellandschaft** hilly landscape
sich irgendwo in trostlose Gebirge verlierend fading somewhere into desolate mountains
dämmerhafte Seen dim lakes　**verloren** here: deserted　**der Tannenwald** evergreen forest

eine unermeßliche Ebene a vast plane　**überglänzt** illuminated
jagend racing
der Traum dream

Es ist nur dreierlei bedeutend only three things are important
die Einsamkeit loneliness　**der Abgrund** depth

Es fällt mir schwer (fallen) it's hard for me
aus Furcht, nicht verstanden zu werden (verstehen) for fear of not being understood

Sie dürfen beruhigt sein have no fear

der ihn betrachtet (betrachten) who observes him

weil es oft zu billigem Spuk mißbraucht worden ist (mißbrauchen) because it has often been
used for cheap effect
Es würde mir großes Unrecht geschehen a great injustice would be done to me
die Ehrfurcht respect

Dies wäre der Ausgangspunkt so this is the point of departure
Sind Sie damit einverstanden do you agree to this
daß ich mein Unbehagen geäußert habe (äußern) that I have expressed my uneasiness

in der wir eine gewisse Furcht zu hören vermeinen in which we believe to hear a certain fear

dienen here: help

SCHRIFTSTELLER Auch dies ist unwichtig.

REGISSEUR Hm. Darf ich wenigstens das Land wissen, in welchem er lebt.

SCHRIFTSTELLER Nebensächlich.

REGISSEUR Irgendwo muß dieser Mensch doch leben.

5 SCHRIFTSTELLER Nun gut. Denken wir uns eine weite Hügellandschaft, sich irgendwo in trostlose Gebirge verlierend und dämmerhafte Seen, eine verlorene Großstadt vielleicht und anderswo Tannenwälder und eine unermeßliche Ebene, alles nun überglänzt von einem halbierten Mond zwischen jagenden Wolken.

10 REGISSEUR Wie im Traum.

SCHRIFTSTELLER Wie im Traum. Dann ein Zimmer, in welchem der Mann schläft.

REGISSEUR Bitte.

SCHRIFTSTELLER Es ist nur dreierlei bedeutend: Die Nacht um ihn, die

15 Einsamkeit seiner Seele und der Abgrund des Schlafes, in den er versunken.

REGISSEUR Sie schweigen?

SCHRIFTSTELLER Es fällt mir schwer, diese Geschichte zu erzählen, aus Furcht, nicht verstanden zu werden, und es its wichtig, daß ich

20 verstanden werde.

REGISSEUR Ich werde fragen, wenn ich Sie nicht verstehe.

SCHRIFTSTELLER Fragen Sie, und Sie werden mir helfen.

REGISSEUR Sie dürfen beruhigt sein.

SCHRIFTSTELLER Vor ihm, dem Schlafenden, zwischen dem Licht und

25 dem Bett sitzt sein Doppelgänger, der ihn betrachtet, als dunkler Schatten vor der schwach brennenden Lampe.

REGISSEUR Sein Doppelgänger?

SCHRIFTSTELLER Sie scheinen dieses Motiv nicht zu lieben?

REGISSEUR Es ist ungewöhnlich, und ich liebe es nicht, weil es oft zu

30 billigem Spuk mißbraucht worden ist.

SCHRIFTSTELLER Es würde mir großes Unrecht geschehen, wenn meine Geschichte so aufgefaßt würde. Ich weiß von der Ehrfurcht, mit der ein solches Motiv behandelt sein will.

REGISSEUR Dies wäre der Ausgangspunkt der Handlung?

35 SCHRIFTSTELLER Sind Sie damit einverstanden?

REGISSEUR Sie wissen, daß ich mein Unbehagen geäußert habe, und ich bitte Sie, die Erzählung fortzusetzen.

SCHRIFTSTELLER Ich brauche eine ruhige Männerstimme, in der wir eine gewisse Furcht zu hören vermeinen.

40 REGISSEUR Ich kann Ihnen dienen.

bestimmt distinct

Durch ein Geräusch erschreckt frightened by a noise

gelähmt paralyzed   **so daß er nur langsam die Sprache findet** (finden) so that it takes a while
for him to start speaking

der Dieb thief

daß Sie zum Tode verurteilt worden sind (verurteilen) that you have been condemned to death

das Gericht court
Weshalb why

ins Spiel ziehen involve
Vergreifen Sie sich nicht an den Gesetzen der Dramatik don't violate the rules of drama

Wen schlagen Sie vor (vor-schlagen) whom do you suggest
Irgendein any

SCHRIFTSTELLER Der Doppelgänger sollte eine tiefere Stimme haben, bestimmt und groß.

REGISSEUR Wie Sie es wünschen.

SCHRIFTSTELLER Durch ein Geräusch erschreckt, erwacht der Mann und
5   schaut nach seinem Doppelgänger, den er nicht erkennt. Er liegt unbeweglich, von der ersten Furcht gelähmt, so daß er nur langsam die Sprache findet. Dann aber spricht er ruhig und deutlich.

DER MANN Wer sind Sie?

DER DOPPELGÄNGER Sie sollen nicht fragen.

10 DER MANN Was wollen Sie von mir in dieser Nacht?

DER DOPPELGÄNGER Das werden Sie sehen.

DER MANN Sie sind ein Dieb?

DER DOPPELGÄNGER Nein.

DER MANN Warum sind Sie gekommen?

15 DER DOPPELGÄNGER Um Ihnen zu sagen, daß Sie zum Tode verurteilt worden sind.

DER MANN Sie kommen in der Nacht zu mir und sitzen an meinem Bett. Ich kenne Sie nicht, und Sie sagen, daß ich zum Tode verurteilt worden bin.

20 DER DOPPELGÄNGER Es ist so.

DER MANN Wer hat mich zum Tode verurteilt?

DER DOPPELGÄNGER Ich kenne das Gericht nicht.

DER MANN Weshalb?

DER DOPPELGÄNGER Ein Mensch wurde getötet.

25 REGISSEUR Ich muß protestieren.

SCHRIFTSTELLER Ich kann Sie nicht daran hindern.

REGISSEUR Ich bin verpflichtet, meinen Hörern eine geordnete Geschichte zu bieten. Wenn jemand zum Tode verurteilt worden ist, muß man wissen, *wer* zum Tode verurteilte.

30 SCHRIFTSTELLER Ich möchte dieses Gericht lieber nicht ins Spiel ziehen.

REGISSEUR Vergreifen Sie sich nicht an den Gesetzen der Dramatik, mein Herr.

SCHRIFTSTELLER Wen schlagen Sie vor?

REGISSEUR Welche Frage! Irgendein hohes Gericht.

35 SCHRIFTSTELLER Gut. Das hohe Gericht.

REGISSEUR Fangen wir noch einmal an.

DER MANN Wer sind Sie?

DER DOPPELGÄNGER Sie sollen nicht fragen.

Was kümmert mich dieser Mensch (kümmern) what's this person to me

bestimmte, daß es Ihnen zukomme, meine Schuld zu tragen (bestimmen, zu-kommen) decreed that it is up to you to bear my guilt

der Irrtum mistake
pflegt sich nicht zu irren (pflegen) is not in the habit of making mistakes

der Schein light   **das Antlitz** face

bewegt sich (sich bewegen) moves
die Stirn forehead
zittert (zittern) is trembling
Ich könnte mich in Ihnen hassen (können) I could hate myself looking at you

verachten despise

DER MANN   Was wollen Sie von mir in dieser Nacht?

DER DOPPELGÄNGER   Das werden Sie sehen.

DER MANN   Sie sind ein Dieb?

DER DOPPELGÄNGER   Nein.

5   DER MANN   Warum sind Sie gekommen?

DER DOPPELGÄNGER   Um Ihnen zu sagen, daß Sie zum Tode verurteilt
        worden sind.

DER MANN   Sie kommen in der Nacht zu mir und sitzen an meinem Bett.
        Ich kenne Sie nicht, und Sie sagen, daß ich zum Tode verurteilt

10   worden bin.

DER DOPPELGÄNGER   Es ist so.

DER MANN   Wer hat mich zum Tode verurteilt?

DER DOPPELGÄNGER   Das hohe Gericht.

DER MANN   Weshalb?

15   DER DOPPELGÄNGER   Ein Mensch wurde getötet.

DER MANN   Was kümmert mich dieser Mensch. Ich habe nicht getötet.

DER DOPPELGÄNGER   Ich habe getötet.

DER MANN   Sie sind ein Mörder?

DER DOPPELGÄNGER   Ich bin ein Mörder.

20   DER MANN   So müssen Sie sterben

DER DOPPELGÄNGER   Das hohe Gericht bestimmte, daß es Ihnen zukomme,
        meine Schuld zu tragen und für mich zu sterben.

DER MANN   Ein Irrtum!

DER DOPPELGÄNGER   Das hohe Gericht pflegt sich nicht zu irren.

25   DER MANN   Ich bin unschuldig.

DER DOPPELGÄNGER   Noch haben Sie mein Gesicht nicht gesehen, daß Sie
        so sprechen, denn es ist zwischen Ihnen und der Lampe. Ich
        ergreife das Licht und stelle es auf diesen Tisch. Nun fällt der
        Schein voll auf mein Antlitz.

30   DER MANN   Mein Gott!

DER DOPPELGÄNGER   Sie dürfen sich nicht fürchten.

DER MANN   Ich sehe mich. Ich sehe mein Gesicht und meinen Leib.

DER DOPPELGÄNGER   Ich bin Ihr Doppelgänger.

DER MANN   So habe ich die Augen im Antlitz, so bewegt sich mein Mund,

35   und so bewegen sich meine Hände über meine Stirne.

DER DOPPELGÄNGER   Ihre Stimme zittert.

DER MANN   Nehmen Sie das Licht fort, nehmen Sie es fort. Ich könnte
        mich in Ihnen hassen.

DER DOPPELGÄNGER   So sehr verachten Sie sich?

40   DER MANN   Nehmen Sie das Licht fort.

DER DOPPELGÄNGER   Bitte.

schickte (schicken) sent

Sie jenen auszuliefern, die an Ihnen das Urteil vollziehen werden (ausliefern) to hand you over to the people who will carry out your sentence

verzweifelt desperate

Was soll ich büßen (sollen) why should I pay

unbarmherzig mercilessly   **Sie hätten meine Tat begangen, wenn Sie versucht worden wären** (begehen, versuchen) you would have committed my deed if you had been tempted

gleich an the same with regard to   **der Leib** body

der Keim here: potential

Sie gestatten . . . zu unterbrechen do you allow me to interrupt

handelt (handeln) is acting

ständig constantly

Sie haben ihm schließlich das Stichwort geliefert (liefern) you have after all given him the cue

deutlich clear   **wirklich** real

Sie weichen aus (aus-weichen) you're hedging

das Rokokoschlößchen rococo villa

die Stukkatur stucco work   **der Gerichtssaal** court room

kitschig corny

die Akazie acacia

die Fichte pine tree

wenn das Gericht einmal tagt (tagen) when the court happens to convene

das Hämmern eines Spechts the tapping of a woodpecker

der Springbrunnen fountain

DER MANN   Wie haben Sie mich gefunden?

DER DOPPELGÄNGER   Das hohe Gericht schickte mich.

DER MANN   Das hohe Gericht. Immer wieder das hohe Gericht!

DER DOPPELGÄNGER   Es schickte mich, Sie jenen auszuliefern, die an Ihnen
5   das Urteil vollziehen werden.

DER MANN   Ich bin unschuldig!

DER DOPPELGÄNGER   Wir sind alle des Todes schuldig.

DER MANN   Ich habe nicht getötet.

DER DOPPELGÄNGER   Ich habe getötet.

10 DER MANN *verzweifelt*   Was kümmert mich Ihre Tat? Was kümmert mich
       Ihre Schuld? Was soll ich büßen für das, was Sie getan haben?

DER DOPPELGÄNGER *umbarmherzig*   Sie hätten meine Tat begangen, wenn
       Sie versucht worden wären, wie ich versucht wurde. Meine Schuld
       ist Ihre Schuld. Wir sind gleich an Gesicht, gleich an Leib, gleich in
15   unserer Seele und gleich in unserem Keim.

REGISSEUR   Sie gestatten, den Gang der Handlung zu unterbrechen?

SCHRIFTSTELLER   Sie tun dies in einem Augenblick, in welchem es mir
       schwer fallen würde, weiterzufahren.

REGISSEUR   Der Doppelgänger handelt im Namen des hohen Gerichts?

20 SCHRIFTSTELLER   Möglich.

REGISSEUR   Er redet ständig davon.

SCHRIFTSTELLER   Sie haben ihm schließlich das Stichwort geliefert.

REGISSEUR   Es muß deutlich werden, ob dieses hohe Gericht wirklich oder
       nur eine Erfindung des Doppelgängers ist.

25 SCHRIFTSTELLER   Das ist mir gleichgültig.

REGISSEUR   Sie weichen aus.

SCHRIFTSTELLER   Ich kann nur sagen, daß es wirklich in unserer Geschichte
       ist.

REGISSEUR   Ich will es genauer haben.

30 SCHRIFTSTELLER   Sie sind ein Pedant.

REGISSEUR   Nein, aber ein Regisseur.

SCHRIFTSTELLER   Nun gut. Denken wir uns ein kleines Rokokoschlößchen
       mit vielen Stukkaturen und einem Gerichtssaal, in welchem es eine
       etwas kitschige Statue der Gerechtigkeit gibt, alles halb versunken
35   in einem weiten Park mit hohen Bäumen, Zedern, Akazien,
       Fichten, zwischen denen die schwarzen Automobile der hohen
       Richter stehen, wenn das Gericht einmal tagt. Irgendwo das
       Hämmern eines Spechts, irgendwo das Rufen eines Kuckucks am
       Abend, irgendwo etwas Sonnenschein und das Silber eines
40   Springbrunnens.

die Behauptung claim
wörtlich literally

erst in grossen Zügen only in broad outline
bald darauf soon thereafter   in das Haus dringen force their way into the house

verhaften arrest

das Gefängnis jail   versichert (versichern) asserts   sie zucken die Achseln they shrug their
shoulders   man hört nicht auf ihn (hören auf + acc.) nobody pays any attention to him
der Rechtsanwalt lawyer
lehnen die Übernahme seines Falles ab (ab-lehnen) refuse to take on his case
das Urteil gefällt . . . sei (fällen) the sentence has been passed

billig cheap

Er wird sich ans . . . wenden (sich wenden an + acc.) he will turn to

Sie flößen mir . . . ein (ein-flößen) you instill in me

Der Mann wird unter so empörenden Zuständen des Rechts in diesem Lande die Beteuerung
seiner Unschuld fortsetzen given such an outrageous state of justice in this country the man
will continue the claim of his innocence
schreit der Mann in die Nacht seiner Zelle (schreien) the man shouts into the darkness of
his cell

daß ich keinen Glauben finde (finden) that nobody believes me
das Gefühl feeling   der Kerker prison

schleppe mich (sich schleppen) drag myself

REGISSEUR   Wie im Traum.

SCHRIFTSTELLER   Wie im Traum.

REGISSEUR   Und dieses hohe Gericht hat den Mann zum Tode verurteilt?

SCHRIFTSTELLER   Es scheint so.

5 REGISSEUR   Weil alle Menschen des Todes schuldig seien?

SCHRIFTSTELLER   Seine Behauptung.

REGISSEUR   Diesen Satz kann man doch nicht wörtlich nehmen.

SCHRIFTSTELLER   Das hohe Gericht nimmt ihn wörtlich.

REGISSEUR   Und wie denken Sie sich die Handlung weiter?

10 SCHRIFTSTELLER   Ich muß gestehen, daß sie mir erst in großen Zügen
    deutlich wird. Ich denke mir, daß bald darauf Männer in das
    Haus dringen und den Mann im Namen des hohen Gerichts
    verhaften.

REGISSEUR   Und der Doppelgänger?

15 SCHRIFTSTELLER   Ist verschwunden. Die Männer führen den Mann ins
    Gefängnis. Er versichert, unschuldig zu sein, aber sie zucken
    die Achseln. Er protestiert, man hört nicht auf ihn.

REGISSEUR   Er wird sich einen Rechtsanwalt nehmen.

SCHRIFTSTELLER   Die Rechtsanwälte lehnen die Übernahme seines Falles
20   ab, da seine Schuld deutlich, das Urteil gefällt und die Be-
    hauptung, ein Doppelgänger habe den Mord begangen, nun doch
    zu billig sei.

REGISSEUR   Dann weiß nur das hohe Gericht und er, daß es einen
    Doppelgänger gibt?

25 SCHRIFTSTELLER   Niemand anders weiß es.

REGISSEUR   Er wird sich ans hohe Gericht wenden.

SCHRIFTSTELLER   Ans hohe Gericht kann man sich nicht wenden.

REGISSEUR   Sie flößen mir über diese Institution eine merkwürdige Mei-
    nung ein.

30 SCHRIFTSTELLER   Ich kann es nicht ändern.

REGISSEUR   Der Mann wird unter so empörenden Zuständen des Rechts
    in diesem Lande die Beteuerung seiner Unschuld fortsetzen.

SCHRIFTSTELLER   Immer wieder schreit der Mann in die Nacht seiner
    Zelle, daß er unschuldig sei.

35 DER MANN   Ich bin unschuldig. Ich kann nur sagen, daß ich unschuldig
    bin. Ich weiß, daß ich keinen Glauben finde und daß die Ohren
    meiner Richter ohne Gefühl sind wie die Wände meines Kerkers.
    Aber ich bin unschuldig. Ich bin ein Mensch wie jeder von
    Euch. Ich stehe am Morgen auf und schleppe mich durch den

verdiene (verdienen) earn money

glänzt (glänzen) shines

anderes . . . denn anything but   die mich nährte (nähren) which kept me alive
ein Schwindler oder ein Feiger, oder ein armer Irrer a swindler or a coward or a miserable madman

in die Nacht hineinbrüllen scream into the night   um mich an diesem Wort aufzurichten (sich auf-richten) in order to take heart from these words   verteidigen to defend

die dem Morgen . . . vorangeht (voran-gehen + dat.) which proceeds the morning
die Pritsche blank bed   gegen die Türe gerichtet turned toward the door
das Viereck quadrangle
der sich langsam aus der Nacht löst (sich lösen) who slowly emerges from the darkness

doch here: anyhow

pathetisch emotionally

nüchtern calmly   Es geht um die Sache, nicht um ihre Gefühle (gehen um) it is the issue that is at stake, not their feelings

als ginge es um irgendein Bankgeschäft as though they were discussing some kind of banking transaction

das Bekenntnis confession

wehren defend

Tag, verdiene, um zu essen, esse, um zu verdienen und freue
mich, wenn es Stunden gibt, in denen die Freude glänzt. O
fragen Sie nicht, warum ich hier bin, zwischen diesen kahlen
Wänden aus Stein, ich will es nicht mehr wissen. Ich kann
nur sagen, daß ich unschuldig bin und nicht getötet habe.
Wie könnte ich töten, wie könnten meine Hände töten, die nie
anderes getan haben denn die Arbeit, die mich nährte. Ich
weiß, daß jeder, der mich hört, glauben muß, ich sei ein
Schwindler oder ein Feiger, oder ein armer Irrer. Ich bin unschuldig. Mein Gott, ich bin unschuldig. Ich muß diesen Satz
immer wieder in die Nacht hineinbrüllen: Ich bin unschuldig, um
mich an diesem Wort aufzurichten, mein Recht zu verteidigen
vor Gott und den Richtern: Ich bin unschuldig!

REGISSEUR   Der Mann hat recht. Das sieht jeder, daß der Mann recht
hat.

SCHRIFTSTELLER   Die Nacht kommt, die dem Morgen seines Todes
vorangeht. Er liegt auf einer Pritsche, das Gesicht gegen die
Türe gerichtet, die sich öffnet. In dem schwarzen Viereck er-
blickt er den Doppelgänger, der sich langsam aus der Nacht löst.

DER MANN   Sie sind noch einmal zu mir gekommen?

DER DOPPELGÄNGER   Ich bin wieder bei Ihnen.

DER MANN   Was wollen Sie noch von mir, wenn ich doch sterben muß?

SCHRIFTSTELLER   Die beiden sprechen zu pathetisch. Zu viel Gefühl.

REGISSEUR   Zu pathetisch? Zu viel Gefühl?

SCHRIFTSTELLER   Sie sollten nüchtern und klar sprechen. Es geht um die
Sache, nicht um ihre Gefühle.

REGISSEUR   Wie Sie wollen. Bitte. Sie werden sprechen, als ginge es um
irgendein Bankgeschäft.

DER MANN   Sie sind noch einmal zu mir gekommen?

DER DOPPELGÄNGER   Ich bin wieder bei Ihnen.

DER MANN   Was wollen Sie noch von mir, wenn ich doch sterben muß?

DER DOPPELGÄNGER   Ich bin gekommen, das Bekenntnis Ihrer Todesschuld
zu hören.

DER MANN   Ich muß sterben. Ich kann mich nicht wehren. Aber ich
werde noch im Sterben schreien: Ich bin unschuldig.

DER DOPPELGÄNGER   Sie bestehen darauf, unschuldig zu sein?

DER MANN   Ich habe nicht getötet.

löst seine Fesseln (lösen) loosens his chains

die Macht power

Schon durcheilen wir den langen Gang we are already hurrying down the long corridor

der Wärter watchman

Da Sie sich als unschuldig betrachten since you consider yourself innocent

über den Hof across the courtyard

betreten enter   der Platz square
erkennen realize

verborgen hidden

zum Mörder werden become a murderer

Der Doppelgänger löst seine Fesseln.

DER MANN   Sie lösen meine Fesseln?

DER DOPPELGÄNGER   Stehen Sie auf!

DER MANN   Wohin führen Sie mich?

5   DER DOPPELGÄNGER   Was kümmert Sie das.

DER MANN   Warum haben Sie die Macht, meine Fesseln zu lösen?

DER DOPPELGÄNGER   Ich handle im Namen des hohen Gerichts. Kommen
   Sie mit mir. Schon durcheilen wir den langen Gang und gehen die
   Treppe hinab.

10   *Schritte.*

DER MANN   Wir gehen die Treppe hinab, und niemand hält uns auf, und
   kein Wärter sieht uns. Was will das hohe Gericht von mir?

   Schritte.

DER DOPPELGÄNGER   Da Sie sich als unschuldig betrachten, hat das hohe

15   Gericht Sie mir übergeben.

   Schritte.

DER MANN   Wir gehen über den Hof, und das große Tor öffnet sich
   von selbst.

   Schritte.

20   DER DOPPELGÄNGER   Wir betreten die Einsamkeit der Straßen und Plätze,
   und Sie sollen noch in dieser Nacht erkennen, daß Sie des Todes
   schuldig sind.

   Schritte.

DER MANN   Wie soll ich dies erkennen?

25   *Schritte.*

DER DOPPELGÄNGER   Sie werden einen Menschen töten.

   Schritte.

DER MANN   Ich bin kein Mörder.

   Schritte.

30   DER DOPPELGÄNGER   Was wissen Sie von dem, was in Ihnen verborgen
   ist? Wer kennt sich selber? Sie werden nach eigenem Willen
   handeln und zum Mörder werden.

   Schritte.

DER MANN   Wen werde ich töten?

35   *Schritte.*

DER DOPPELGÄNGER   Wollen Sie das wissen?

   Schritte.

DER MANN   Ich will es wissen.

   Schritte.

40   DER DOPPELGÄNGER   Sie werden mich töten.

   Schritte.

Was haben Sie in Gedanken erwogen (erwägen) what were you thinking about

die Gasse street

altertümlich antiquated   **mit merkwürdigen Giebeln, die sich mit scharfen Zacken vom Himmel abheben, und gotischen Spitzbögen** with remarkable gables that stand out in sharp jagged outline against the sky and pointed gothic arches   **die Fronten mit seltsamen Zeichen bemalt** the facades decorated with strange signs

der Widerhall echo

gewunden winding   **verwittert** decaying

von der wir kaum Kunde besitzen of which we hardly have any knowledge

mit Fellen verhängt covered with animal skins

besitzt gegen die Gasse keine Fenster (besitzen) has no windows facing the street

die ohne Schmuck sich als eine dumpfe, vermoderte Fläche über die Gasse neigt (sich neigen) which, without decoration, leans into the street like a dull, decaying surface

unterbrochen broken

gleich einem Joch, da die Schwelle sich unter der Höhe der Gasse befindet (sich befinden) like a yoke since the threshold is located below street level

Achten Sie darauf be careful

DER MANN Nie werde ich einen Menschen töten. Bei dieser Nacht und bei diesem Himmel schwöre ich: Nie werde ich einen Menschen töten.
Schritte.

5 DER DOPPELGÄNGER Was haben Sie in Gedanken erwogen, als ich Ihre Zelle betrat?
Schritte.

DER MANN Wie können Sie dies wissen?
Schritte.

10 DER DOPPELGÄNGER Ich kenne Ihre Gedanken.
Schritte.

REGISSEUR Schritte, nichts als Schritte. Erzählen Sie weiter.

SCHRIFTSTELLER Der Mann folgt seinem Doppelgänger, der ihn durch einsame Gassen führt, mitten durch die große Stadt, durch verlassene Parkanlagen und später durch Stadtteile, die der Mann noch nie gesehen und von denen er noch nie gehört hat, in denen die Häuser altertümlich sind, mit merkwürdigen Giebeln, die sich mit scharfen Zacken vom Himmel abheben, und gotischen Spitzbögen, die Fronten mit seltsamen Zeichen bemalt. Doch sind die Gassen leer und still, und nur der Widerhall ihrer Schritte ist um die beiden. Dann betreten sie ein Haus in einer kleinen gewundenen Gasse. Die Häuser sind grau und verwittert, und der Mann sieht an ihnen Spuren einer Zeit, von der wir kaum Kunde besitzen. Die Fenster sind leer oder mit Fellen verhängt. Das Haus aber, das sie betreten, besitzt gegen die Gasse keine Fenster, obgleich es die größte Fassade hat, die ohne Schmuck sich als eine dumpfe, vermoderte Fläche über die Gasse neigt, nur unterbrochen von einer Türe, die nieder ist und breit, gleich einem Joch, da die Schwelle sich unter der Höhe der Gasse befindet.

REGISSEUR Wie im Traum.

SCHRIFTSTELLER Immer wieder wie im Traum.
Man hört eine Türe sich öffnen.

DER DOPPELGÄNGER Achten Sie darauf, daß Sie nicht fallen.

35 DER MANN Wo sind wir?

DER DOPPELGÄNGER Wir sind mitten im Herzen der Stadt. Ich schließe die Türe wieder.

DER MANN Es ist dunkel.

DER DOPPELGÄNGER In der Halle ist Licht. Nur einige Schritte und Sie werden das Licht sehen.

mit glatter Fläche with a smooth surface

daß einer seinen Mörder willkommen heißt (willkommen-heißen) that one welcomes his murderer

die Gewalt power

einer Empore, die sich im Dunkel verliert (sich verlieren) a gallery that disappears into the darkness

je ever

Sie winkt Ihnen (winken) she's waving to you

Ich denke sie einer letzten Verzweiflung entsprungen und sehr zwingend (denken) I imagine it having grown out of extreme desperation and very compelling

Ich werde Ihnen . . . zur Verfügung stellen I will put at your disposal

Es ist nichts, in welchem ich besser wäre I am in no way better

die Schuld offense

DER MANN   Ist das Ihr Haus?

DER DOPPELGÄNGER   Es ist mein Haus. Treten Sie in die große Halle ein.

DER MANN   Ein großer Tisch aus schwerem Holz mit glatter Fläche und dunkle Bilder an den Wänden.

5   DER DOPPELGÄNGER   Es geschieht selten, daß einer seinen Mörder willkommen heißt: Ich heiße Sie willkommen.

DER MANN   Ich bin in Ihrer Gewalt.

DER DOPPELGÄNGER   Ich bitte Sie, die Treppe nach oben zu sehen.

DER MANN   Die Treppe endet in einer Empore, die sich im Dunkel verliert.

10   DER DOPPELGÄNGER   Jemand erwartet Sie dort.

DER MANN   Ich sehe eine Frau, die nun langsam aus dem Dunkel tritt.

DER DOPPELGÄNGER   Sie steht unbeweglich oben an der Treppe und schaut nach Ihnen.

DER MANN   Sie schaut mitten in mein Gesicht.

15   DER DOPPELGÄNGER   Ist sie nicht schön?

DER MANN   Sie ist schön.

DER DOPPELGÄNGER   Haben Sie je ein schöneres Weib gesehen?

DER MANN   Nie sah ich ein schöneres Weib.

DER DOPPELGÄNGER   Sie winkt Ihnen.

20   DER MANN   Was will sie von mir?

DER DOPPELGÄNGER   Fragen Sie nicht. Gehen Sie hinauf zu ihr. Ich werde hier unten sein, an diesem Tisch und die Hände auf seine Fläche legen und warten. Gehen Sie nun zu ihr.

EINE FRAUENSTIMME   Wer sind Sie?

25   SCHRIFTSTELLER   Sie werden mich entschuldigen, wenn ich unterbreche.

REGISSEUR   Warum gerade jetzt?

SCHRIFTSTELLER   Die Stimme der Frau denke ich mir anders.

REGISSEUR   Meine beste Stimme, mein Herr.

SCHRIFTSTELLER   Die Stimme ist zu mädchenhaft. Ich denke sie einer

30   letzten Verzweiflung entsprungen und sehr zwingend.

REGISSEUR   Ich werde Ihnen eine solche Stimme zur Verfügung stellen.

SCHRIFTSTELLER   Ich danke Ihnen.

EINE ANDERE FRAUENSTIMME   Wer sind Sie?

DER MANN   Ich bin ein Mensch, wie es viele Menschen gibt: Nicht mehr

35   und nicht weniger. Es ist nichts, in welchem ich besser wäre und nichts, in welchem ich schlechter wäre, aber dennoch ist großes Unglück über mich gekommen. Ich soll büßen für eine Schuld, die nicht die meine ist, und ich soll des Todes sterben für eine Tat, die ich nicht begangen habe.

recken die Kinder die Hand nach mir children stretch their hand out to me

verführt (verführen) misleads
die ich säe, richtet (säen, richten) which I sow, condemns

das Ihre yours

das niederfällt in weiten Falten (nieder-fallen) which falls in loose folds

Warum schlagen Sie die Augen nieder (nieder-schlagen) why do you look down
was von mir verlangt wird (verlangen) what is being demanded of me

DIE FRAU   Ich bin eine Frau, wie es viele gibt auf dieser Erde und unter
diesem Himmel. Ich bin schön, und wenn ich über die Straßen
gehe, sehen die Männer nach mir, und auf den Plätzen recken
die Kinder die Hand nach mir. Ich habe geliebt, aber die Liebe
5   hat mich getötet, und der Mann, den ich liebte, hat mich zerbrochen. Ich gehe und weiß nicht wohin, ich lebe und weiß
nicht für wen. Meine Hände sind leer, und meine Augen sind
blind. Der Kuß, den ich gebe, verführt, das Wort, das ich sage,
verdammt, die Tat, die ich säe, richtet.

10   DER MANN   Was wollen Sie von mir?

DIE FRAU   Ich werde Ihnen die Hand geben und Sie führen.
Einige Schritte.

DER MANN   Wo sind wir?

DIE FRAU   Wir sind in meinem Zimmer. Ich werde eine Kerze anzünden,
15   so sehen Sie mein Gesicht und ich das Ihre.

DER MANN   Ich sehe Ihr Gesicht und Ihre Haare im Licht der Kerze
und Ihren Hals und das lange Kleid, das niederfällt in weiten
Falten.

DIE FRAU   Warum schlagen Sie die Augen nieder, wenn ich Sie anschaue?

20   DER MANN   Ich bitte Sie, mir zu sagen, was von mir verlangt wird.

DIE FRAU   Wissen Sie das nicht?

DER MANN   Ich weiß es nicht.

DIE FRAU   Kommen Sie her zu mir. Ganz nah her zu mir. Küssen Sie
mich.

25   DER MANN   Ich habe Sie geküßt.

DIE FRAU   Nun wissen Sie doch, was ich von Ihnen will.

DER MANN   Sie sind sein Weib?

DIE FRAU   Ich bin sein Weib.

DER MANN   Er hat getötet, weil er Sie liebt?

30   DIE FRAU   Ich habe ihn dazu gezwungen.

DER MANN   Nun verlangen Sie von mir, daß ich ihn töte.

DIE FRAU   Ich verlange es.

DER MANN   Ich bin kein Mörder.

DIE FRAU   Sie haben mich geküßt.

35   DER MANN   Warum muß er sterben?

DIE FRAU   Er liebt nur sich.

DER MANN   Sie sagten, daß Sie ihn gezwungen hätten, einen Mord zu
begehen?

DIE FRAU   Ich konnte ihn zwingen, weil er nur sich liebt.

40   DER MANN   Sie lieben ihn?

DIE FRAU   Ich liebe ihn.

die **Kanne** pitcher

das Gift poison   **Staub, der kaum den Boden deckt** (decken) dust that hardly covers the bottom

daß mich die Art und Weise befremdet, mit der Sie vorgehen (befremden) that I find the way in which you proceed strange

der Kunstrichter critic   **gewagt** risky   **die Gestalten so auftreten zu lassen** to let the figures appear
Wie aus dem Nichts geworfen   (werfen) as though they were created out of thin air

Ihr Schicksal wird nur angedeutet (andeuten) their lot is merely hinted at
das Angedeutete nicht aufgehellt (auf-hellen) what is hinted at is not clarified

mit der menschlichen Neugier rechnen take into account human curiosity

die Ansicht opinion   **meiner Absicht schaden würde** would harm my intention

das Gleichnis parable

DER MANN   Warum verlangen Sie dann von mir, daß ich ihn töte?

DIE FRAU   Kann ich das wissen? Weiß ich, warum wir uns küßten
und warum ich dies alles sage? Ich weiß es nicht. Warum ich
bin, und warum diese Kerze brennt und Ihr Gesicht im Licht
der Kerze ist, ich weiß es nicht. Ich weiß nur, daß er sterben muß
und daß Sie ihn töten müssen.

DER MANN   Was soll ich tun?

DIE FRAU   Sie gehen hinunter zu ihm.

DER MANN   Ich werde zu ihm hinuntergehen.

DIE FRAU   Sie werden bei ihm sitzen und die Hände wie er auf den
Tisch legen und mit ihm sprechen.

DER MANN   Ich werde dies alles tun.

DIE FRAU   Dann werde ich herunterkommen und bringen, was er verlangt. Zwei Gläser und Wein in einer Kanne und Brot auf
einem Teller.

DER MANN   Wein und Brot.

DIE FRAU   In dem einen Glas wird Gift sein: Staub, der kaum den
Boden deckt.

DER MANN   Ich werde Sie erwarten.

REGISSEUR   Nun wird er hinuntergehen zu seinem Doppelgänger.

SCHRIFTSTELLER   Er wird hinuntergehen zu ihm, der am hölzernen Tisch
sitzt in der großen Halle mit den dunklen Bildern.

REGISSEUR   Ich möchte doch bemerken, daß mich die Art und Weise
befremdet, mit der Sie vorgehen.

SCHRIFTSTELLER   Ich bin kein Dichter.

REGISSEUR   Ich bin kein Kunstrichter. Es scheint mir nur gewagt, die
Gestalten so auftreten zu lassen, wie Sie es tun. Wie aus dem
Nichts geworfen, stehen sie vor uns, und wir hören ihre Stimmen,
als kämen sie aus dem Nichts. Wir erfahren ihre Namen nicht,
und nicht, wie sie leben. Ihr Schicksal wird nur angedeutet, und
das Angedeutete nicht aufgehellt.

SCHRIFTSTELLER   Sie möchten mehr über meine Gestalten erfahren?

REGISSEUR   Man soll mit der menschlichen Neugier rechnen.

SCHRIFTSTELLER   Ich gebe zu, daß es mir nicht schwer fallen würde,
Namen zu erfinden und die Schicksale aufzuhellen. Doch bin ich
der Ansicht, daß dies meiner Absicht schaden würde.

REGISSEUR   Was ist Ihre Absicht?

SCHRIFTSTELLER   Ein Gleichnis zu erzählen.

REGISSEUR   Das Gleichnis vom Manne, dem Unrecht geschah.

SCHRIFTSTELLER   Sie werden nun verstehen, warum nicht wichtig ist, was

Um des Gleichnisses willen because of the parable

Zugegeben admittedly   **auf Namen sollten wir nie verzichten** we should never do without
names
Meier very common family name   **Sind Sie mit . . . einverstanden** do you agree to

klingt nach (klingen) sounds like

gespreizt über dem Geländer spread over the railing

Nehmen Sie Platz sit down

das Zeichen sign

die Stufe step

sonst wichtig wäre: Um des Gleichnisses willen. Jeder von uns könnte der Mann sein, dem sein Doppelgänger begegnet.

REGISSEUR   Zugegeben. Aber auf Namen sollten wir nie verzichten.

SCHRIFTSTELLER   Sind Sie mit dem Namen Meier für den Mann einver-
5   standen?

REGISSEUR   Das ist kein Name für ein Hörspiel.

SCHRIFTSTELLER   Pedro?

REGISSEUR   Besser. Das klingt nach fremdem Lande.

SCHRIFTSTELLER   Für den Doppelgänger Diego?

10   REGISSEUR   Einverstanden.

SCHRIFTSTELLER   Und Inez für die Frau.

REGISSEUR   Erzählen wir weiter.

DIEGO   Ich sah Sie die Treppe heruntersteigen, Pedro. Ich sah Ihnen entgegen. Ihr Gesicht sah ich und Ihre Hand gespreizt über dem
15   Geländer.

PEDRO   Ich bin müde.

DIEGO   Nehmen Sie Platz.

PEDRO   Ich danke Ihnen, Diego.

DIEGO   Nun?

20   PEDRO   Ich habe mit Inez gesprochen.

DIEGO   Sie verlangt, daß Sie mich töten?

PEDRO   Sie verlangt es.

DIEGO   Dann werden Sie tun müssen, was sie verlangt.

PEDRO   Ich sehe keinen Ausweg.

25   DIEGO   Es gibt keinen.

PEDRO   Ich höre Schritte die Treppe herunterkommen.

DIEGO   Sie hören Schritte, und Sie wissen, was diese Schritte bedeuten. Werden Sie mit mir trinken?

PEDRO   Ich werde mit Ihnen trinken.

30   DIEGO   Du kennst meinen Gast. Du hast ihm mit der Hand ein Zeichen gegeben und er ist zu dir gekommen.

INEZ   Ich bin oben an der Treppe gestanden und ich habe ihm ein Zeichen gegeben mit der Hand, und er ist gekommen, die Stufen hinauf und über den Gang in mein Zimmer.

35   DIEGO   Er sagte mir, was du von ihm verlangt hast.

INEZ   Deinen Tod.

DIEGO   Meinen Tod.

INEZ   Du hast diesen Mann in dein Haus geführt, damit ich dies von ihm verlange.

40   DIEGO   Es ist so.

Du rechnest, und deine Rechnung stimmt (rechnen, stimmen) you calculate, and your calculation is right
täuschen deceive

die Rache revenge

das Verbrechen crime

die Sühne punishment

Schenken Sie ein (ein-schenken) fill my glass

der Henker henchman   **Es ist an Ihnen** it is up to you

Es fällt ein Schuß (fallen) a shot is fired

aufgeregt excited

Wieso what do you mean

die Waffe weapon

die Tischschublade drawer

auf at

richtete . . . auf die Frau (richten) aimed at the woman   **wie der Schuß sich löst** (sich lösen) as the shot is fired

Es ging doch aus der Geschichte hervor (hervor-gehen) it followed from the story

heben die Tote empor (empor-heben) lift the dead woman

die Bank bench

die sich in einer Nische . . . befindet (sich befinden) which is located in a niche

daß Pedro nicht zu erkennen vermag, was darauf dargestellt ist (vermögen, darstellen) that Pedro cannot tell what is portrayed on it

ausgebreitet stretched out

das erste Grauen the first light

INEZ   Du rechnest, und deine Rechnung stimmt.

DIEGO   Ich täusche mich nie.

INEZ   Nun mußt du sterben.

DIEGO   Gewiß.

5   INEZ   Auch die Rache hast du aus meinen Händen genommen. Nun ist
alles dein Wille: Dein Verbrechen und dein Tod, deine Schuld
und deine Sühne. Dieser Wein und dieses Brot ist alles, was ich
dir noch geben kann.

DIEGO   Schenken Sie ein, mein Herr, schenken Sie ein. Sie sind mein
10   Henker. Es ist an Ihnen, mir das Glas zu geben, aus dem ich
trinken soll.

INEZ   *hart*   Schenken Sie ein. Geben Sie ihm das Glas, aus dem er
trinken soll.

Es fällt ein Schuß.

15   REGISSEUR   Ein Schuß ist gefallen!

SCHRIFTSTELLER   Sie scheinen aufgeregt.

REGISSEUR   Wieso ein Schuß?

SCHRIFTSTELLER   Wie Inez gesprochen hatte, hielt Pedro eine Waffe in
den Händen.

20   REGISSEUR   Eine Waffe?

SCHRIFTSTELLER   Die er in der halb offenen Tischschublade gesehen hatte.

REGISSEUR   Er hat auf den Doppelgänger geschossen?

SCHRIFTSTELLER   Er hat auf Inez geschossen.

REGISSEUR   Auf die Frau?

25   SCHRIFTSTELLER   Er richtete die Waffe langsam auf die Frau, und wie
der Schuß sich löst. . .

Es fällt noch einmal ein Schuß.

SCHRIFTSTELLER   Sinkt das Weib in die Arme Diegos zurück.

DIEGO   *umbarmherzig*   Sie ist tot.

30   REGISSEUR   Ich verstehe nicht. Warum tötet Pedro die Frau? Es ging
doch aus der Geschichte hervor, daß er seinen Doppelgänger
töten sollte.

SCHRIFTSTELLER   Er tötete Inez. Der Doppelgänger und Pedro heben
die Tote empor und tragen sie durch die Halle auf eine Bank,
35   die sich in einer Nische unter einem Bild befindet, das jedoch
so dunkel ist, daß Pedro nicht zu erkennen vermag, was darauf
dargestellt ist. Sie stehen beide vor der Toten und schauen auf
sie, die still vor ihnen ausgebreitet liegt, mit weißem Gesicht
und weißen Händen, und irgendwo durch ein fernes Fenster
40   fällt das erste Grauen des Morgens.

Sie wurden zum Mörder (werden) you became a murderer

haben sich verrechnet (sich verrechnen) have miscalculated

der Grund reason

das Werkzeug tool
das Beil hatchet
haben mich überlistet (überlisten) have outsmarted me

mißtrauisch distrustful
Draußen steigt der Morgen herauf über die Stadt (herauf-steigen) outside it's beginning to get light over the city
Darauf to that

die er mit sicherer Hand faßt (fassen) which he holds with a steady hand

bis seiner Hand auf einmal das Glas entfällt (entfallen) until the glass suddenly slips from his hand

zerspringt (zerspringen) shatters

PEDRO   Ich habe getötet.

DIEGO   Sie haben getötet, weil Sie nicht töten wollten. Sie wurden zum Mörder aus Furcht, ein Mörder zu werden.

PEDRO   Auch Sie haben sich verrechnet.

5 DIEGO   Ich habe mich nicht verrechnet.

PEDRO   Was wollen Sie damit sagen?

DIEGO   Ihre Tat war mein Wille, und Ihr Verbrechen mein Gedanke. Das Weib mußte sterben, denn es war der Grund des Verbrechens, das ich begangen habe.

10 PEDRO   So bin ich nur ein Werkzeug gewesen?

DIEGO   Das Beil, mit dem ich getötet habe.

PEDRO   Sie haben mich überlistet.

DIEGO   Sie können gehen. Ich brauche Sie nicht mehr.

PEDRO   Sie sind ein Teufel.

15 DIEGO   Nein. Aber ich kenne die Menschen.

Stille.

PEDRO   Ich kann gehen?

DIEGO   Bitte.

PEDRO   Wohin?

20 DIEGO   Wohin Sie wollen.

PEDRO   Das hohe Gericht wird mich verhaften.

DIEGO   Sie sind schließlich ein Mörder.

Stille.

PEDRO   Wir werden diesen Wein zusammentrinken, und dann werde
25 ich gehen.

DIEGO *wie mißtrauisch*   Sie wollen trinken?

PEDRO   Draußen steigt der Morgen herauf über die Stadt, mein Herr. Darauf wollen wir trinken.

REGISSEUR   Und?

30 SCHRIFTSTELLER   Der Mann, den wir Pedro nennen, steht vor seinem Doppelgänger Diego, der sich wieder an den Tisch gesetzt hat. Er schaut ihn an. Dann setzt er sich an den Tisch, auf dem die beiden Gläser sind und die Kanne mit dem Wein, die er mit sicherer Hand faßt und die Gläser füllt.

35 REGISSEUR   Sie trinken?

SCHRIFTSTELLER   Sie trinken beide. Diego schaut Pedro an, schweigend, lange, mit unbeweglichen, drohenden Augen, zwei kalte Steine im mächtigen Gesicht, bis seiner Hand auf einmal das Glas entfällt und am Boden zerspringt.

40 *Ein Glas zerspringt.*

die Lache pool   **richtet sich von neuem hoch** (sich hoch-richten) raises himself up again
wenn auch mühsam und keuchend although with great difficulty and panting for breath

umfängt den Sterbenden (umfangen) embraces the dead man
während von irgendwoher, immer mächtiger, immer bedrohlicher, ein milchiger Morgen hereinflackert (herein-flackern) while from somewhere pale morning light filters in, ever stronger and more threatening

wenn auch wie von ferne although as from afar

die nun vergeht (vergehen) which is now coming to an end

SCHRIFTSTELLER Er neigt sich über den Tisch und sinkt zusammen, den
    Kopf zwischen den Händen, die ruhig liegen. Pedro is aufge-
    sprungen. Die Kerzen sind niedergebrannt, die weißen Wände
    erloschen und auf dem Tisch und auf dem Boden liegt der
5   Wein in schwarzen Lachen. Der Doppelgänger richtet sich von
    neuem hoch, wenn auch mühsam und keuchend, und lehnt
    sich nach hinten in den Sessel. Sein Antlitz ist wie immer,
    mit klaren steinernen Augen. Pedro umfängt den Sterbenden
    mit beiden Armen und schreit ihm ins Ohr, während von
10 irgendwoher, immer mächtiger, immer bedrohlicher, ein milchiger
    Morgen hereinflackert.

PEDRO Sagen Sie die Wahrheit.

DIEGO *langsam* Der Morgen ist da, nicht wahr?

PEDRO Hören Sie meine Stimme?

15 DIEGO Mein Tod ist leicht und ich höre, was Sie fragen, wenn auch
    wie von ferne.

PEDRO Wußten Sie, daß ich Sie töten werde, wußten Sie das?

DIEGO Ich habe es Ihnen gesagt.

PEDRO Warum haben Sie mich dann befreit, wenn Sie dies alles wußten?

20 DIEGO Es tut nicht gut, die Wahrheit zu wissen.

PEDRO Ich will sie wissen.

DIEGO Ich kam in dieser Nacht in Ihre Zelle, um für Sie zu sterben.
    Aber Sie haben meine Schuld nicht auf sich genommen.

PEDRO *leise* Ich habe Ihre Schuld nicht auf mich genommen.

25 DIEGO Wenn Sie dies getan hätten in der Nacht, die nun vergeht,
    wären Sie frei gewesen.

PEDRO Frei?

DIEGO Im Namen des hohen Gerichts. Ich wäre gern für Sie gestorben.

PEDRO Dies hatte das hohe Gericht bestimmt?

30 DIEGO Sein Wille.

PEDRO Sie sagen die Wahrheit?

DIEGO Sie haben sie gewollt.

PEDRO Und nun habe ich getötet.

DIEGO Inez und mich. Ich trank vom Wein, den Sie mir gaben.

35 PEDRO Was sind Sie für ein Mensch?

DIEGO Ein Mensch wie Sie, nichts weiter.

REGISSEUR Er stirbt?

SCHRIFTSTELLER Er stirbt.

der Fortschritt progress

etwas Handfestes something tangible

verwundert surprised

bestürzt dumbfounded

wie Sie sich auszudrücken beliebten (sich ausdrücken, belieben) as you chose to express
yourself

Kulissen einer Nacht, aus der man schreckhaft erwacht (erwachen) the stage sets of a night,
from which one awakens with alarm

in der unbarmherzigen Fülle angeschwemmten Lichts in the merciless flood of light that has
poured in

stellte sich dem hohen Gericht (sich stellen + dat.) gave himself over to the high court

Er bekannte sich des Todes schuldig (sich bekennen) he confessed that he deserved to die

Es hat sich nie um einen Traum gehandelt (sich handeln um + acc.) we were never dealing
with a dream   noch so ever so

wette (wetten) bet   gleich kommen Sie noch mit der plötzlich frei schwebenden Sonne before
you know it you are going to drag in a free floating sun

die Attrappe display packaging

die Lösung solution

das Gruseln the creeps

ärgerlich annoying

REGISSEUR Zwei Morde in zehn Minuten. Wie im Kino. Sie machen
    Fortschritte.

SCHRIFTSTELLER Sie wünschten etwas Handfestes.

REGISSEUR Und Pedro erwacht.

5 SCHRIFTSTELLER *verwundert* Wie meinen Sie das?

REGISSEUR Alles war nur ein Traum.

SCHRIFTSTELLER *bestürzt* Wieso?

REGISSEUR Die Einsamkeit seiner Seele, der Abgrund des Schlafs, in
    den er versunken, die weite Hügellandschaft, sich irgendwo in
10   trostlose Gebirge und dämmerhafte Seen verlierend, wie Sie
    sich auszudrücken beliebten, die verlorene Großstadt mit alter-
    tümlichen Häusern und merkwürdigen Giebeln, die sich von
    einem nächtlichen Himmel abheben, alles überglänzt von einem
    halbierten Mond: Kulissen einer Nacht, aus der man schreckhaft
15   erwacht. Wie im Traum, waren ihre Worte, immer wie im Traum.

SCHRIFTSTELLER Wie im Traum, gewiß, so kam alles dem Manne vor,
    doch das stille, weiße, tote Weib blieb in der Nische unter
    dem dunklen Bild und sein Doppelgänger zusammengesunken im
    Sessel am hölzernen Tisch, die blieben auch in der unbarmherzigen
20   Fülle angeschwemmten Lichts.

REGISSEUR *verwundert* Was wollen Sie damit sagen?

SCHRIFTSTELLER Der Mann ging hin an diesem Morgen, der mächtig
    und silbern über der Stadt hing, und stellte sich dem hohen
    Gericht. Er bekannte sich des Todes schuldig.

25 REGISSEUR *bestürzt* Es war kein Traum?

SCHRIFTSTELLER Es hat sich nie um einen Traum gehandelt.

REGISSEUR Ich protestiere. Der Morgen mag noch so silbern und noch
    so mächtig über der Stadt hängen und ich wette, gleich kommen
    Sie noch mit der plötzlich frei schwebenden Sonne. Eine billige
30   Attrappe von etwas Nebel und Licht genügt nicht, den Schluß
    zu verherrlichen, den Sie Ihrer Geschichte geben wollen.

SCHRIFTSTELLER Wenn der Mann erwacht wäre, wenn alles nur ein
    Traum gewesen wäre, wären Sie zufrieden gewesen?

REGISSEUR Das wäre wenigstens eine Lösung gewesen. Im Traum ist
35   alles erlaubt, auch das Ungerechte. In den Träumen ist das
    Gruseln legitim. Wenn Sie aber die Geschichte, die Sie mir da
    erzählt haben, aus dem Traum in die Wirklichkeit ziehen wollen,
    wird sie eine ärgerliche Geschichte.

SCHRIFTSTELLER Es ist mein Prinzip, nur ärgerliche Geschichten zu
40   erzählen.

Dem Manne . . . ist Unrecht geschehen the man was done an injustice

Es geht mir um die Sache, nicht um Namen I'm interested in the principle, not in names

Seine jetzige Schuld kann das Unrecht nicht aufheben his present guilt cannot nullify the injustice

Wie here: when

eilt (eilen) hurries

wird vor Ihnen auftauchen will appear before you   **der Schleier** veil

REGISSEUR   Das haben Sie vollkommen erreicht. Dem Manne, den wir
Diego genannt haben, ist Unrecht geschehen.

SCHRIFTSTELLER   Sie meinen Pedro?

REGISSEUR   Es ist mir gleichgültig, wie der Mann heißt.

5   SCHRIFTSTELLER   Ich war auch immer der Meinung.

REGISSEUR   Es geht mir um die Sache, nicht um Namen. Ich gebe zu,
daß der Mann zum Mörder wurde und daß er so schuldig geworden ist. Wir müssen jedoch die Hintergründe betrachten, die
ihn zum Morde trieben, und wir müssen sagen, daß er un-
10   schuldig zum Mörder wurde. Er beging ein Verbrechen, weil er
eine Schuld nicht auf sich nahm, die er nicht begangen hatte.
Was von ihm verlangt wurde, kann nicht verlangt werden. Seine
jetzige Schuld kann das Unrecht nicht aufheben, das an ihm begangen wurde. Ich will mit dem Mann sprechen. Er wird mir
15   recht geben.

SCHRIFTSTELLER   Sie wollen mit ihm sprechen?

REGISSEUR   Bin ich nicht der Regisseur?

SCHRIFTSTELLER   Sie haben recht. Sie sind der Regisseur.

REGISSEUR   Sagen Sie mir, wo ich den Mann sprechen kann.

20   SCHRIFTSTELLER   Wie der Doppelgänger starb, erhob sich der Mann
und wandte sich gegen die Türe, die er unverschlossen fand.
Er verließ das Haus und eilt nun durch die Stadt.

DER MANN   Ich habe getötet! Hört, ihr Menschen, ich habe getötet!
Ich eile durch die Gassen dahin und über die Plätze dahin, die
25   vor mir liegen im Morgen. Ich bin schuldig, ich bin des Todes
schuldig, denn ich habe eine Frau getötet und einen Mann. Ich
habe getötet, ich muß immer wieder schreien: Ich habe getötet!

SCHRIFTSTELLER   Er eilt durch die Straßen der Stadt, die Hände zum
Himmel gereckt und die Augen weit geöffnet.

30   REGISSEUR   Ich werde ihn an der Straßenecke erwarten.

SCHRIFTSTELLER   Er wird vor Ihnen auftauchen aus den Schleiern von
Licht und Nebel, und Sie werden sein Gesicht sehen.

Eilende Schritte, die sich nähern.

REGISSEUR   Warten Sie! Ich bitte, warten Sie!

35   DER MANN   Wer ruft mich?

REGISSEUR   Ein Freund.

DER MANN   Was wollen Sie von mir?

Gehen Sie nicht von mir don't leave me

daß ich zu Ihnen stehe (stehen) that I'll stand up for you

offenbar apparently

Zwar leugnen wir nicht we do not, to be sure, deny

an Ihnen haftet (haften) clings to you   **doch berücksichtigen wir das Vorgehen** but we do take into consideration the behavior
das über Sie gefällt wurde (fällen) which was pronounced over you

mich . . . unterwerfen submit
zum vorneherein from the beginning

auf eine Schuld hin on the basis of an offense

Vom Menschen aus in human terms

müssen Sie sich aufgegeben haben (sich auf-geben) you must have given yourself up

REGISSEUR Ich muß mit Ihnen reden.

DER MANN Ich habe getötet.

REGISSEUR Gehen Sie nicht von mir.

DER MANN Ich habe Ihnen nichts anderes zu sagen.

5 REGISSEUR Ich habe Sie an dieser Straßenecke erwartet, damit Sie
wissen, daß ich zu Ihnen stehe. Ich werde Sie bis zum letzten
verteidigen.

DER MANN Ich brauche keine Hilfe.

REGISSEUR Das Unglück ist groß und das hohe Gericht hierzulande
10 offenbar allmächtig, wie es scheint. Aber wir werden viel erreichen, denn Sie sind unschuldig.

DER MANN Ich habe getötet.

REGISSEUR Sie sind verwirrt. Das Unglück ist über Sie gekommen und
hat Sie verwirrt. Wenn Sie nachdenken, wird es Ihnen deutlich,
15 daß Sie unschuldig sind. Zwar leugnen wir nicht, daß eine gewisse
Schuld an Ihnen haftet, doch berücksichtigen wir das Vorgehen
des hohen Gerichts und das ungerechte Todesurteil, das über Sie
gefällt wurde. Wir wissen, daß Sie durch dieses Unrecht zum
Verbrechen gezwungen wurden.

20 DER MANN Ich werde mich dem hohen Gericht unterwerfen.

REGISSEUR Das hohe Gericht ist ungerecht. Es hat schon zum vorneherein gegen Sie entschieden.

DER MANN Ich sehe heute, daß es recht hatte.

REGISSEUR Niemand kann auf eine Schuld hin zum Tode verurteilt
25 werden, die er nicht beging.

DER MANN Ich war ein Mörder, ohne zu töten, ich war des Todes
.   schuldig, ohne ein Verbrechen begangen zu haben.

REGISSEUR Das ist ungerecht. Vom Menschen aus gesehen, ist das ungerecht.

30 DER MANN Ich habe es aufgegeben, vom Menschen aus zu sehen.

REGISSEUR Was von Ihnen in jener nächtlichen Stunde im Gefängnis
verlangt wurde, kann von keinem Menschen verlangt werden.

DER MANN Wurde von mir mehr verlangt als Glaube?

REGISSEUR *verwundert* Glaube?

35 DER MANN Glaube an die Gerechtigkeit des hohen Gerichts.

REGISSEUR Wenn Sie jetzt glauben, das hohe Gericht habe recht, müssen
Sie sich aufgegeben haben.

DER MANN Ich habe mich aufgegeben.

REGISSEUR Gerade jetzt müssen Sie weiterkämpfen!

40 DER MANN Es ist Morgen, mein Herr.

der Bote messenger

sich . . . ergeben to surrender
ihm = dem Gericht   **Nur wer seine Ungerechtigkeit annimmt, findet seine Gerechtigkeit**
(an-nehmen, finden) only a person who accepts the injustice of the court finds justice for
himself
nur wer ihm erliegt, findet seine Gnade (erliegen, finden) only a person who submits to
it finds mercy for himself

die sich eilends entfernen which quickly fade

der Kerl guy

etwas Grausameres anything more cruel

Ich stelle dar (dar-stellen) I portray

Das hohe Gericht haben Sie ins Spiel gebracht (bringen) you are the one who brought up
the high court
Um so besser all the better
anklagen accuse   **stehen nicht irgendeinem nebelhaften Gott gegenüber** (gegenüber-stehen
+ dat.) are not faced with some vague God
was uns sonst ihr Schriftsteller als letzten Ausweg anzupreisen pflegt (an-preisen, pflegen)
or whatever you writers usually plug as the last way out
Die letzte Instanz ist vorhanden there is a final resort

beim Wort at their word

REGISSEUR *unsicher* Gewiß. Es ist Morgen.

DER MANN Der Bote des hohen Gerichts wartet am Ende der Gasse.

REGISSEUR Ein schäbiger Polizist.

DER MANN Er wird mich zu meinen Richtern führen.

5 REGISSEUR Sie wollen sich dem hohen Gericht ergeben?

DER MANN Es gibt nichts Schöneres, als sich ihm zu ergeben. Nur wer seine Ungerechtigkeit annimmt, findet seine Gerechtigkeit, und nur wer ihm erliegt, findet seine Gnade.

REGISSEUR Sie sind unschuldig. Sie wissen doch, daß Sie unschuldig sind!

10 *Schritte, die sich eilends entfernen.*

SCHRIFTSTELLER Nun?

REGISSEUR *bitter* Der Kerl geht.

SCHRIFTSTELLER Sie wundern sich darüber?

REGISSEUR Es ist schändlich. Der Kerl kapituliert. Er glaubt, das hohe

15 Gericht sei ein gerechtes Gericht.

SCHRIFTSTELLER Und Sie?

REGISSEUR Ich kann mir nicht leicht etwas Grausameres denken als dieses Gericht.

SCHRIFTSTELLER Weil Sie nicht an seine Gerechtigkeit glauben.

20 REGISSEUR Sie glauben daran?

SCHRIFTSTELLER Ich bin Schriftsteller. Ich stelle dar.

REGISSEUR Sie wollten mir durch diese Geschichte die Gerechtigkeit des hohen Gerichts beweisen.

SCHRIFTSTELLER Das hohe Gericht haben Sie ins Spiel gebracht, nicht ich.

25 REGISSEUR Um so besser. Nun haben wir wenigstens etwas, das wir anklagen können und stehen nicht irgendeinem nebelhaften Gott gegenüber, oder was uns sonst ihr Schriftsteller als letzten Ausweg anzupreisen pflegt. Die letzte Instanz ist vorhanden, in einem Rokokoschlößchen mitten in einem weiten Park, wie ich mich

30 erinnere, mit hämmernden Spechten und einem Kuckuck am Abend. Ich bitte Sie, mich dorthin zu führen.

SCHRIFTSTELLER *bestürzt* Sie wollen?

REGISSEUR Ich pflege die Schriftsteller immer beim Wort zu nehmen.

SCHRIFTSTELLER Ich kann Sie nicht hindern.

35 REGISSEUR Wir stehen im Park?

SCHRIFTSTELLER Wir stehen im Park. Irgendwo ein hämmernder Specht.

Man hört das Hämmern eines Spechts.

SCHRIFTSTELLER Das Rufen des Kuckucks.

Man hört einen Kuckuck rufen.

verschnörkelt, überladen elaborately decorated, overdone

die Putte cherub

reichlich quite

hinkend limping

ausgehöhlt worn down

mit verblaßten, schnörkelhaften Fresken with faded, elaborate murals

der Angeklagte defendant

das auf und zu klappt (auf-klappen, zu-klappen) which flaps open and shut

Wo wir auch suchen no matter where we look

Sälen dative plural of "der Saal"   **der Gips** plaster of Paris   **zerschlissenen Tapeten**
tattered wall coverings   **morschen Böden** rotting floors

wütend furious   **damit soll ich mich zufrieden geben** (sich zufrieden-geben) I'm supposed to
be satisfied with that

SCHRIFTSTELLER Seltsam zu dieser Tageszeit. Alles halb versunken. Zedern, Akazien, Fichten, die schwarzen Automobile der hohen Richter dazwischen. Nun etwas Sonnenschein, nun das Silber eines Springbrunnens und jetzt das Rokokoschlößchen, verschnör-

5 kelt, überladen, die Fassaden voller Putten, Götter, Nymphen, reichlich kitschig.

REGISSEUR Das Schlößchen, in welchem nun der Mann und der schäbige, hinkende Polizist verschwinden.

SCHRIFTSTELLER Die hohen verrosteten Türflügel des Hauptportals haben

10 sie offen gelassen.

REGISSEUR Folgen wir ihnen.

SCHRIFTSTELLER Eine steinerne Treppe, ausgehöhlt von den unzähligen Tritten der Schuldigen, die über sie stiegen, weite Wände mit verblaßten, schnörkelhaften Fresken, leere Korridore, in denen

15 sinnlos unsere Schritte verhallen, der Gerichtssaal endlich mit der verwitterten Statue der Gerechtigkeit.

REGISSEUR Leer. Alles leer. Keine Richter, kein Angeklagter, nur ein Fenster, das auf und zu klappt im Wind, mit verstaubten Scheiben.

20 SCHRIFTSTELLER Wo wir auch suchen, wohin wir auch gehen, in diesen Gängen und Sälen voll Gips, zerschlissenen Tapeten und morschen Böden, alles leer.

REGISSEUR *wütend* Und damit soll ich mich zufrieden geben?

SCHRIFTSTELLER Damit *müssen* wir uns zufrieden geben.

Exercises

A. Based on pp. 125 to 133 (line 15).

1. Was hatte der Schriftsteller dem Regisseur versprochen?
2. Was für eine Geschichte will der Schriftsteller erzählen?
3. Wozu ist der Regisseur verpflichtet?
4. Was für ein Mensch ist der Mann in dem Hörspiel?
5. Was, sagt der Schriftsteller, ist in der Geschichte bedeutend?
6. Warum fällt es dem Schriftsteller schwer, die Geschichte zu erzählen?
7. Warum mag der Regisseur das Motiv des Doppelgängers nicht?
8. Warum kommt der Doppelgänger zu dem Mann?
9. Wer hat den Mann zum Tode verurteilt?
10. Wer hatte den Mord begangen?
11. Wer muß die Schuld dafür tragen?
12. Was behauptet der zum Tode verurteilte Mann immer wieder?
13. Was, meint der Doppelgänger, hätte der Mann getan, wenn er versucht worden wäre wie er?

B. Based on pp. 133 (16) to 143 (2).

1. Was will der Regisseur über das hohe Gericht erfahren?
2. Wie beschreibt der Schriftsteller das hohe Gericht?
3. Wie rechtfertigt das hohe Gericht das Urteil?
4. Was machen die Männer, die ins Haus des Mannes dringen?
5. Warum lehnen die Rechtsanwälte es ab, den Fall des Mannes zu übernehmen?
6. Fassen Sie die Rede des Mannes über seine Unschuld zusammen.
7. Wer kommt zu dem Mann in der Nacht vor seinem Tod?
8. Warum kommt er zu ihm?
9. Was macht der Doppelgänger mit dem Mann?
10. Was, behauptet der Doppelgänger, wird der Mann in dieser Nacht tun?
11. Wohin führt er den Mann?

C. Based on pp. 143 (3) to 151 (bottom).

1. Beschreiben Sie das Zimmer des Doppelgängers.
2. Wer erwartet den Mann?
3. Was für eine Stimme soll die Frau haben?
4. Beschreiben Sie die Frau.
5. Warum hatte der Doppelgänger getötet?
6. Was verlangt die Frau von dem Mann?
7. Warum, sagt die Frau, muß der Doppelgänger sterben?
8. Warum will der Schriftsteller die Schicksale der Gestalten nicht aufhellen?
9. Warum ist der Regisseur mit dem Namen Pedro einverstanden?

166

10. Was bringt die Frau zu dem Doppelgänger und dem Mann hinunter?
11. Was ist in dem einen Glas?
12. Was sieht der Mann in einer halb offenen Tischschublade?
13. Was macht er damit?
14. Was machen sie mit der Toten?

D. Based on pp. 153 to end.

 1. Warum, sagt der Doppelgänger, hat der Mann getötet?
 2. Warum war der Doppelgänger zu dem Mann in die Zelle gekommen?
 3. Wie hätte der Mann befreit werden können?
 4. Was macht der Mann am Morgen?
 5. Was, sagt der Schriftsteller, ist sein Prinzip?
 6. Warum will der Regisseur mit dem Mann sprechen?
 7. Was behauptet der Mann jetzt?
 8. Wem will er sich unterwerfen?
 9. Wie denkt sich der Regisseur das hohe Gericht?
10. Beschreiben Sie den Gerichtssaal.

GEDICHTE UND LIEDER

These twelve poems span nearly two hundred years of different poetic styles and changing notions about the use of poetry. They range in theme from Goethe's light-hearted arcadian poem *Das Veilchen* to Wolf Biermann's contemporary ballad about the death of a demonstrator against racial discrimination. The poems represent two poetic traditions: the lyric and the ballad. The lyric is thought of as a short, personal poem, giving form to private sentiments and yearnings, such as longing in *Nur wer die Sehnsucht kennt*, or the glorious feeling of a cosmic embrace as in *Mondnacht*. The original (that is, Greek) meaning of lyric was, as the name suggests, a poem to be sung to the lyre, and indeed all the lyric poems in this selection have at one time or another been set to music. Ballads are traditionally short, simple narratives told lyrically, often in rhyme and meter and often with music as well. Sung ballads, even of a political nature, were popular in the Middle Ages and they are again quite popular and effective today—effective enough to cause Wolf Biermann, for example, to be expelled from East Germany after he had sung ballads critical of the regime.

Many of the lyrics and ballads chosen here use images of nature as vehicles for the poet's ideas and psychic projections (*Das Veilchen, Erlkönig, Mondnacht*). But human nature, too, is a favorite object of poetic depiction, and as individual self-awareness increased (during the eighteenth century), so increased individual expressions of joy and fear, sensual desires (*Gretchen am Spinnrade*) as well as loneliness (*Nur wer die Sehnsucht kennt*). In the twentieth century we find a shift away from the concerns of the individual to those of the community, the common man, and the big social issues of our time: exploitation, equal rights, racial discrimination. Brecht's and Biermann's ballads exemplify this trend.

While these twelve poems differ as to level of linguistic difficulty, artistic form, and purpose, they have one thing in common: they have all been set to music. To be sure, each poem is in its own right an attractive and engaging creation and should be read and enjoyed for its own sake. But it is interesting to note that each has drawn the attention of at least one composer who would enhance, and in some cases even reinterpret, the poem musically. Some of the compositions have become so well known that at times it may well be Schubert who comes to mind rather than Goethe when *Erlkönig* is mentioned, and even Brecht's *Mackie Messer* immediately conjures up Kurt Weill's slick and haunting melody from *Die Dreigroschenoper*. In the case of *Die Lorelei* both text and music have become so popular that poet and composer alike have gained the high, if paradoxical, honor of being largely forgotten over the "folksong" they have created. Many of the poems have been set to music by more than one composer. There are about thirty known renditions of *Das Veilchen*, for example, and literally hundreds of composers have tried their hand at *Erlkönig*. If we list the poems with their best known composers, it is to draw attention to these musical settings which may even be found useful for class discussions. At least two of them, *Die Lorelei* and *Der frohe Wandersmann*, might lend themselves to an occasional hum in class. (Music for these poems is on pages 202 and 203.)

> *Das Veilchen*—Wolfgang Amadeus Mozart
> *Erlkönig*—Franz Schubert
> *Gretchen am Spinnrade*—Franz Schubert
> *Nur wer die Sehnsucht kennt*—Hugo Wolf
> *Der frohe Wandersmann*—Theodor Fröhlich
> *Mondnacht*—Robert Schumann
> *Die Lorelei*—Friedrich Silcher
> *Die Grenadiere*—Robert Schumann
> *Beim Schlafengehen*—Richard Strauss
> *Die Moritat von Mackie Messer*—Kurt Weill
> *Die Seeräuber-Jenny*—Kurt Weill
> *Die Ballade von dem Briefträger William L. Moore aus Baltimore*—
>   Wolf Biermann

Questions for Thought and Discussion

Is *Das Veilchen* a serious poem in the bucolic tradition, or is it an ironic treatment of a hapless lover? How is nature depicted in the poem— benevolent and friendly, or demonic and dangerous as, for instance, in *Erlkönig*?

What kind of emotions and imaginings are expressed in *Erlkönig* (and similarly in *Die Lorelei*)? How do the rhythm and meter of the poem contribute to its eerie effect?

Eichendorff's *Mondnacht* is a romantic poem, that is, everything in the poem is imagined. Comparing *Mondnacht* with Hesse's *Beim Schlafengehen*, would you say Hesse, too, is a romantic?

Heine is known for his ironic and satiric writings. Does the rousing ballad *Die Grenadiere* strike you as ironic or as patriotic? (Here, in particular, it is elucidating to consider Schumann's musical version which uses the main theme of the French national anthem, yet finishes with a not so patriotic postlude. In general comparisons between poems and their musical settings are most rewarding.)

What image of man emerges from Brecht's *Mackie Messer*? Does man appear better or worse than a predatory animal? Do you read *Die Seeräuber-Jenny* as a poem with a revolutionary message? If so, what is the message? Looking at these two ballads by Brecht in relationship to *Der Jasager* and *Der Neinsager* (written a little over a year later), what can you say about the development of Brecht's political views and ethics?

Das Veilchen violet

die Wiese meadow
Gebückt in sich shy and withdrawn
herzig's sweet little
kam . . . Daher (daher-kommen) came along　**die Schäferin** shepherdess
Mit leichtem Schritt und munterm Sinn stepping lightly in a cheerful mood

wär' ich nur if only I were

Ach alas　**das Weilchen** a little while
Bis mich das Liebchen abgepflückt (ab-pflücken) until the dear girl has picked me
Und an dem Busen matt gedrückt (drücken) and pressed me to her bosom until I wilt

nicht in acht das Veilchen nahm (in acht nehmen) didn't notice the violet
Ertrat's (ertreten) stepped on it and crushed it
Und sank (sinken) supply "es": and it drooped　**noch** here: in spite of it all
Und sterb' ich denn, so sterb ich doch (sterben) And even though I'm dying, I am, after all,
dying
durch sie because of her
Zu ihren Füssen at her feet

Johann Wolfgang von Goethe

Das Veilchen

Ein Veilchen auf der Wiese stand,
Gebückt in sich und unbekannt,
Es war ein herzig's Veilchen.
Da kam eine junge Schäferin
5   Mit leichtem Schritt und munterm Sinn
Daher, daher,
Die Wiese her, und sang.

Ach! denkt das Veilchen, wär' ich nur
Die schönste Blume der Natur,
10   Ach, nur ein kleines Weilchen,
Bis mich das Liebchen abgepflückt
Und an dem Busen matt gedrückt!
Ach nur, ach nur
Ein Viertelstündchen lang!

15   Ach, aber ach! Das Mädchen kam
Und nicht in acht das Veilchen nahm,
Ertrat's, das arme Veilchen.
Und sank und starb und freut sich noch:
Und sterb' ich denn, so sterb ich doch
20   Durch sie, durch sie,
Zu ihren Füßen doch!

Erlkönig Erl-King (a spirit living in Nature)

Wer reitet (reiten) who is that riding

wohl here: snugly
Er faßt ihn sicher (faßen) he holds him safely

was birgst du so bang dein Gesicht (bergen) why are you so anxiously hiding your face

der Schweif train (of a robe)
der Nebelstreif streak of fog

gar very
Manch' bunte Blumen many colorful flowers   **der Strand** shore
manch' gülden Gewand many golden robes

leise here: in whispers

In dürren Blättern säuselt der Wind (säuseln) it's the wind rustling in dry leaves

fein pretty
sollen dich warten schön shall attend to you nicely
führen den nächtlichen Reihn will dance a nocturnal round
wiegen und tanzen und singen dich ein (ein-wiegen, ein-tanzen, ein-singen) will rock and
dance and sing you to sleep

am düstern Ort at that dark place

die Weide willow   **grau** grey

mich reizt deine schöne Gestalt (reizen) I'm attracted to your beautiful shape
Und bist du nicht willig, so brauch' ich Gewalt (brauchen) and if you resist, I'll use force

hat mir ein Leids getan (tun) has hurt me

Dem Vater grauset's (grausen) the father is horrified   **geschwind** here: as fast as he can
ächzend groaning
mit Mühe und Not barely

174

Erlkönig

Wer reitet so spät durch Nacht und Wind?
Es ist der Vater mit seinem Kind;
Er hat den Knaben wohl in dem Arm,
Er faßt ihn sicher, er hält ihn warm. —

5   Mein Sohn, was birgst du so bang dein Gesicht? —
Siehst, Vater, du den Erlkönig nicht?
Den Erlenkönig mit Kron' und Schweif? —
Mein Sohn, es ist ein Nebelstreif. —

»Du liebes Kind, komm, geh mit mir!
10   Gar schöne Spiele spiel' ich mit dir;
Manch' bunte Blumen sind an dem Strand;
Meine Mutter hat manch' gülden Gewand.«

Mein Vater, mein Vater, und hörest du nicht,
Was Erlenkönig mir leise verspricht? —
15   Sei ruhig, bleibe ruhig, mein Kind!
In dürren Blättern säuselt der Wind. —

»Willst, feiner Knabe, du mit mir gehn?
Meine Töchter sollen dich warten schön;
Meine Töchter führen den nächtlichen Reihn
20   Und wiegen und tanzen und singen dich ein.«

Mein Vater, mein Vater, und siehst du nicht dort
Erlkönigs Töchter am düstern Ort? —
Mein Sohn, mein Sohn, ich seh' es genau;
Es scheinen die alten Weiden so grau. —

25   »Ich liebe dich, mich reizt deine schöne Gestalt;
Und bist du nicht willig, so brauch' ich Gewalt.« —
Mein Vater, mein Vater, jetzt faßt er mich an!
Erlkönig hat mir ein Leids getan! —

Dem Vater grauset's, er reitet geschwind,
30   Er hält in Armen das ächzende Kind,
Erreicht den Hof mit Mühe und Not;
In seinen Armen das Kind war tot.

das Spinnrad spinning wheel

die Ruhe peace   **hin** gone

nimmer never

Wo any place wherever
Ist mir das Grab is a grave for me

vergällt soured

verrückt confused
der Sinn mind
zerstückt in pieces

Nach ihm nur schau ich zum Fenster hinaus (hinaus-schauen) whenever I look out of the
window, I look for him

hoher Gang stately gait
edle Gestalt noble appearance

Seiner Augen Gewalt the power of his eyes
seiner Rede Zauberfluß the magic of his speech

Sein Händedruck the touch of his hands

Mein Busen drängt sich nach ihm hin (sich hin-drängen) my bosom aches for him

dürft ich fassen und halten ihn (dürfen) if only I could embrace and hold him

An seinen Küssen vergehen sollt (sollen) so that I would drown in his kisses

Gretchen am Spinnrade

Meine Ruh ist hin,
Mein Herz ist schwer;
Ich finde sie nimmer
Und nimmermehr.

5 Wo ich ihn nicht hab,
Ist mir das Grab,
Die ganze Welt
Ist mir vergällt.

Mein armer Kopf
10 Ist mir verrückt,
Mein armer Sinn
Ist mir zerstückt.

Meine Ruh ist hin,
Mein Herz ist schwer;
15 Ich finde sie nimmer
Und nimmermehr.

Nach ihm nur schau ich
Zum Fenster hinaus,
Nach ihm nur geh ich
20 Aus dem Haus.

Sein hoher Gang,
Sein edle Gestalt,
Seines Mundes Lächeln,
Seiner Augen Gewalt,

25 Und seiner Rede
Zauberfluß,
Sein Händedruck,
Und ach, sein Kuß!

Meine Ruh ist hin,
30 Mein Herz ist schwer;
Ich finde sie nimmer
Und nimmermehr.

Mein Busen drängt
Sich nach ihm hin:
35 Ach, dürft ich fassen
Und halten ihn

Und küssen ihn,
So wie ich wollt,
An seinen Küssen
40 Vergehen sollt!

Nur wer die Sehnsucht kennt (kennen) only someone who has experienced intense longing

Weiß, was ich leide (wissen, leiden) realizes how I am suffering

abgetrennt separated

die Freude joy

Seh ich ans Firmament nach jener Seite (sehen) I gaze at the sky and long for the other side

der the one who

in der Weite far away

Es schwindelt mir (schwindeln) my head is reeling

es brennt mein Eingeweide (brennen) my innards are afire

Nur wer die Sehnsucht kennt

Nur wer die Sehnsucht kennt,
Weiß, was ich leide!
Allein und abgetrennt
Von aller Freude,
5   Seh ich ans Firmament
Nach jener Seite.
Ach! der mich liebt und kennt,
Ist in der Weite.
Es schwindelt mir, es brennt
10 Mein Eingeweide.
Nur wer die Sehnsucht kennt,
Wciß, was ich leide!

Der frohe Wandersmann the happy wanderer

Wem whomever   **rechte Gunst erweisen** to do a real favor
schickt er (schicken) he sends
seine Wunder weisen show his wondrous works

Die Trägen . . . erquicket nicht das Morgenrot (erquicken) dawn does not invigorate the idlers

Sie wissen nur von all they are ever concerned about are   **die Kinderwiege** cradle
Last und Not um Brot burdens and worry about their livelihood

Die Lerchen schwirren hoch vor Lust the larks fly high in jubilation
Was why
Aus voller Kehl und frischer Brust at the top of my voice with cheer in my heart

Den lieben Gott laß ich nur walten (lassen) I leave everything up to the Good Lord

erhalten to preserve
Hat auch mein Sach aufs best bestellt (bestellen) he has also provided best for me

Joseph von Eichendorff

Der frohe Wandersmann

Wem Gott will rechte Gunst erweisen,
Den schickt er in die weite Welt;
Dem will er seine Wunder weisen
In Berg und Wald und Strom und Feld.

5   Die Trägen, die zu Hause liegen,
Erquicket nicht das Morgenrot;
Sie wissen nur von Kinderwiegen,
Von Sorgen, Last und Not um Brot.

Die Bächlein von den Bergen springen,
10 Die Lerchen schwirren hoch vor Lust,
Was sollt ich nicht mit ihnen singen
Aus voller Kehl und frischer Brust?

Den lieben Gott laß ich nur walten;
Der Bächlein, Lerchen, Wald und Feld
15 Und Erd und Himmel will erhalten,
Hat auch mein Sach aufs best bestellt!

die Mondnacht moonlit night

Es war, als hätt . . . geküsst (küssen) it was as though . . . had kissed

Daß so that   **im Blütenschimmer** in the shimmer of her blossoms

Die Ähren wogten sacht (wogen) the fields of grain were waving gently
rauschten leis (rauschen) were rustling quietly
sternklar starry

spannte weit ihre Flügel aus (aus-spannen) spread wide its wings

Lande old plural of "das Land"
Als flöge sie (fliegen) as though it were flying

182

Mondnacht

Es war, als hätt der Himmel
Die Erde still geküßt,
Daß sie im Blütenschimmer
Von ihm nun träumen müßt.

5   Die Luft ging durch die Felder,
Die Ähren wogten sacht,
Es rauschten leis die Wälder,
So sternklar war die Nacht.

Und meine Seele spannte
10 Weit ihre Flügel aus,
Flog durch die stillen Lande,
Als flöge sie nach Haus.

was soll es bedeuten what the meaning of this is

das Märchen here: legend
der Sinn mind

es dunkelt (dunkeln) it's getting dark

der Gipfel top   **funkelt** (funkeln) sparkles

die Jungfrau maiden

das Geschmeide jewelry   **blitzet** (blitzen) glistens
kämmt (kämmen) is combing

dabei while so doing

gewaltig powerful   **Melodei** = Melodie

der Schiffer boatman
ergreift (ergreifen) grips   **das Weh** here: passion
der Felsenriff reef

die Wellen verschlingen the waves will devour
der Kahn skiff

Heinrich Heine

Die Lorelei

Ich weiß nicht, was soll es bedeuten,
Daß ich so traurig bin;
Ein Märchen aus alten Zeiten,
Das kommt mir nicht aus dem Sinn.

5 Die Luft ist kühl und es dunkelt,
Und ruhig fließt der Rhein;
Der Gipfel des Berges funkelt
Im Abendsonnenschein.

Die schönste Jungfrau sitzet
10 Dort oben wunderbar,
Ihr goldnes Geschmeide blitzet,
Sie kämmt ihr goldenes Haar.

Sie kämmt es mit goldenem Kamme,
Und singt ein Lied dabei;
15 Das hat eine wundersame,
Gewaltige Melodei.

Den Schiffer im kleinen Schiffe
Ergreift es mit wildem Weh;
Er schaut nicht die Felsenriffe,
20 Er schaut nur hinauf in die Höh.

Ich glaube, die Wellen verschlingen
Am Ende Schiffer und Kahn;
Und das hat mit ihrem Singen
Die Lorelei getan.

der Grenadier soldier

Nach Frankreich zogen (ziehen) were on their way home to France

die traurige Mär the sad news
verlorengegangen (verloren-gehen) supply "war": had been lost
Besiegt und zerschlagen conquered and thoroughly beaten **das Heer** army
der Kaiser emperor; in this case, Napoleon

ob der kläglichen Kunde over the woeful news
Wie weh wird mir (werden) how miserable I feel
die Wunde wound

Das Lied ist aus it's all over

das Weib wife
verderben will perish

Was schert mich Weib (scheren) what do I care about my wife
Ich trage weit beßres Verlangen (tragen) I have much better things to worry about
betteln begging

Gewähr (gewähren) grant **die Bitte** request

die Leiche body
Begrab (begraben) bury **die Erde** soil

das Ehrenkreuz medal of honor **das Band** ribbon

die Flinte musket
gürt mir um den Degen (um-gürten) buckle on my sword

horchen listen
die Schildwache sentry
Bis einst until one day **das Kanonengebrüll** the roar of cannons
wiehernder Rosse Getrabe the hoofbeats of neighing horses

Viel Schwerter klirren und blitzen many swords will clash and glisten
gewaffnet armed
schützen protect

Die Grenadiere

Nach Frankreich zogen zwei Grenadier',
Die waren in Rußland gefangen.
Und als sie kamen ins deutsche Quartier,
Sie ließen die Köpfe hangen.

5 Da hörten sie beide die traurige Mär:
Daß Frankreich verlorengegangen,
Besiegt und zerschlagen das große Heer, —
Und der Kaiser, der Kaiser gefangen.

Da weinten zusammen die Grenadier'
10 Wohl ob der kläglichen Kunde.
Der eine sprach: »Wie weh wird mir,
Wie brennt meine alte Wunde!«

Der andre sprach: »Das Lied ist aus,
Auch ich möcht mit dir sterben,
15 Doch hab ich Weib und Kind zu Haus,
Die ohne mich verderben.«

»Was schert mich Weib, was schert mich Kind,
Ich trage weit beßres Verlangen;
Laß sie betteln gehn, wenn sie hungrig sind, —
20 Mein Kaiser, mein Kaiser gefangen!

Gewähr mir Bruder eine Bitt':
Wenn ich jetzt sterben werde,
So nimm meine Leiche nach Frankreich mit,
Begrab mich in Frankreichs Erde.

25 Das Ehrenkreuz am roten Band
Sollst du aufs Herz mir legen;
Die Flinte gib mir in die Hand,
Und gürt mir um den Degen.

So will ich liegen und horchen still,
30 Wie eine Schildwach', im Grabe,
Bis einst ich höre Kanonengebrüll,
Und wiehernder Rosse Getrabe.

Dann reitet mein Kaiser wohl über mein Grab,
Viel Schwerter klirren und blitzen;
35 Dann steig ich gewaffnet hervor aus dem Grab, —
Den Kaiser, den Kaiser zu schützen.«

Beim Schlafengehen while going to bed

Nun now that　**mich müd gemacht** (machen) supply "hat": has made me weary
Soll mein sehnliches Verlangen . . . die gestirnte Nacht . . . empfangen (sollen) may the
starry night take my fervent longing up in her arms

laßt von allem Tun (lassen) stop all activity
die Stirn brow
der Sinn sense
sich in Schlummer senken to sink into slumber

die Seele soul　**unbewacht** unattended
der Flug flight　**schweben** to soar
der Zauberkreis magic realm
tausendfach in many different forms

Hermann Hesse

Beim Schlafengehen

Nun der Tag mich müd gemacht,
Soll mein sehnliches Verlangen
Freundlich die gestirnte Nacht
Wie ein müdes Kind empfangen.

5 Hände laßt von allem Tun,
Stirn vergiß du alles Denken,
Alle meine Sinne nun
Wollen sich in Schlummer senken.

Und die Seele unbewacht
10 Will in freien Flügen schweben,
Um im Zauberkreis der Nacht
Tief und tausendfach zu leben.

die Moritat popular ballad about a sensational event

der Haifisch shark   **der Zahn** tooth

Doch but

die Flosse fin
dieser = der Haifisch   **vergießt** (vergießen) sheds
'nen = einen   **der Handschuh** glove
Drauf man keine Untat liest (lesen) which shows no traces of crime

die Themse the River Thames

die Pest the plague
es heißt (heißen) it is said   **geht um** (um-gehen) is going around

blau here: clear
der Strand the Strand, a street in London

mancher many a

beweisen prove

ward = wurde
die Brust chest
der Kai pier

Bertolt Brecht

Die Moritat von Mackie Messer

Und der Haifisch, der hat Zähne
Und die trägt er im Gesicht
Und Macheath, der hat ein Messer
Doch das Messer sieht man nicht.

5   Ach, es sind des Haifischs Flossen
Rot, wenn dieser Blut vergießt!
Mackie Messer trägt 'nen Handschuh
Drauf man keine Untat liest.

An der Themse grünem Wasser
10 Fallen plötzlich Leute um!
Es ist weder Pest noch Cholera
Doch es heißt: Macheath geht um.

An 'nem schönen blauen Sonntag
Liegt ein toter Mann am Strand
15 Und ein Mensch geht um die Ecke
Den man Mackie Messer nennt.

Und Schmul Meier bleibt verschwunden
Und so mancher reiche Mann
Und sein Geld hat Mackie Messer
20 Dem man nichts beweisen kann.

Jenny Towler ward gefunden
Mit 'nem Messer in der Brust
Und am Kai geht Mackie Messer
Der von allem nichts gewußt.

der Fuhrherr wagon driver
je ever
Wer es immer wissen könnte (können) whoever might know it

Soho district of London
der Greis old man
die Menge crowd

die minderjährige Witwe the underaged widow

geschändet raped

Wo ist Alfons Glite, der Fuhrherr?
Kommt das je ans Sonnenlicht?
Wer es immer wissen könnte —
Mackie Messer weiß es nicht.

5   Und das große Feuer in Soho
Sieben Kinder und ein Greis —
In der Menge Mackie Messer, den
Man nicht fragt und der nichts weiß.

Und die minderjährige Witwe
10 Deren Namen jeder weiß
Wachte auf und war geschändet —
Mackie, welches war dein Preis?

der Seeräuber pirate

Meine Herren gentlemen   **Gläser abwaschen** rinsing out glasses

bedanke mich schnell (sich bedanken) say a quick thank you
Lumpen here: ragged clothes   **lumpig** rundown

das Geschrei uproar   **der Hafen** harbor
Was . . . für what kind of

Was lächelt die dabei (lächeln) what's she smirking about
das Segel sail

Wird liegen am Kai will tie up at the pier

wisch (wischen) dry
reicht . . . hin (hin-reichen) hands

das Getös racket

Was = warum   **bös** maliciously

beschießen bombard

wohl probably

wird gemacht dem Erdboden gleich (gleich-machen) will be leveled to the ground
wird verschont von jedem Streich (verschonen) will be spared all blows
Wer wohnt Besonderer darin (wohnen) who is so special that lives in there

gen (= gegen) **Morgen** at dawn
Die she

Wird beflaggen den Mast will hoist its flags

194

Die Seeräuber-Jenny

1

Meine Herren, heute sehen Sie mich Gläser abwaschen
Und ich mache das Bett für jeden.
Und Sie geben mir einen Penny und ich bedanke mich schnell
Und Sie sehen meine Lumpen und dies lumpige Hotel
5 Und Sie wissen nicht, mit wem Sie reden.
Aber eines Abends wird ein Geschrei sein am Hafen
Und man fragt: Was ist das für ein Geschrei?
Und man wird mich lächeln sehn bei meinen Gläsern
Und man sagt: Was lächelt die dabei?
10   Und ein Schiff mit acht Segeln
    Und mit fünfzig Kanonen
    Wird liegen am Kai.

2

Und man sagt: Geh, wisch deine Gläser, mein Kind
Und man reicht mir den Penny hin.
15 Und der Penny wird genommen, und das Bett wird gemacht
(Es wird keiner mehr drin schlafen in dieser Nacht.)
Und Sie wissen immer noch nicht, wer ich bin.
Denn an diesem Abend wird ein Getös sein am Hafen
Und man fragt: Was ist das für ein Getös?
20 Und man wird mich stehen sehen hinterm Fenster
Und man sagt: Was lächelt die so bös?
    Und das Schiff mit acht Segeln
    Und mit fünfzig Kanonen
    Wird beschießen die Stadt.

3

25 Meine Herren, da wird wohl Ihr Lachen aufhören
Denn die Mauern werden fallen hin
Und die Stadt wird gemacht dem Erdboden gleich
Nur ein lumpiges Hotel wird verschont von jedem Streich
Und man fragt: Wer wohnt Besonderer darin?
30 Und in dieser Nacht wird ein Geschrei um das Hotel sein
Und man fragt: Warum wird das Hotel verschont?
Und man wird mich sehen treten aus der Tür gen Morgen
Und man sagt: Die hat darin gewohnt?
    Und das Schiff mit acht Segeln
35   Und mit fünfzig Kanonen
    Wird beflaggen den Mast.

werden in den Schatten treten will march into the shadows (of the buildings)
einen jeglichen everybody
die Kette chain
töten kill

Hoppla oops

wird entschwinden will disappear

4

Und es werden kommen hundert gen Mittag an Land
Und werden in den Schatten treten
Und fangen einen jeglichen aus jeglicher Tür
Und legen ihn in Ketten und bringen ihn mir
5 Und fragen: Welchen sollen wir töten?
Und an diesem Mittag wird es still sein am Hafen
Wenn man fragt, wer wohl sterben muß.
Und dann werden Sie mich sagen hören: Alle!
Und wenn dann der Kopf fällt, sag ich: Hoppla!
10   Und das Schiff mit acht Segeln
   Und mit fünfzig Kanonen
   Wird entschwinden mit mir.

der **Briefträger** mailman

die **Südstaaten** the Deep South
die **Verfolgung der Neger** the persecution of the blacks

die **Kugel** bullet   die **Stirn** forehead

nach **Süden auf Tour** on a trip South

das **Schild** placard
die **Schranken weg** down with the barriers

der **Eisenbahnzug** train

manch einer quite a few people
das **Glück** good luck

stand (stehen) here: was written

Wolf Biermann

Die Ballade von dem Briefträger
William L. Moore aus Baltimore,

der im Jahre 63 allein in die Südstaaten wanderte.
Er protestierte gegen die Verfolgung der Neger.
Er wurde erschossen nach einer Woche.
Drei Kugeln trafen ihn in die Stirn.

SONNTAG

Sonntag, da ruhte William L. Moore
von seiner Arbeit aus.
Er war ein armer Briefträger nur,
5 in Baltimore stand sein Haus.

MONTAG

Montag, ein Tag in Baltimore,
sprach er zu seiner Frau:
›Ich will nicht länger Briefträger sein,
10 ich geh nach Süden auf Tour (that's sure)‹
    BLACK AND WHITE, UNITE! UNITE!
  schrieb er auf ein Schild.
    White and black — die Schranken weg!
  Und er ging ganz allein.

15 DIENSTAG

Dienstag, ein Tag im Eisenbahnzug,
fragte William L. Moore
manch einer nach dem Schild, das er trug,
und wünscht ihm Glück für die Tour.
20   BLACK AND WHITE, UNITE! UNITE!
  stand auf seinem Schild . . .

199

die Chaussee highway

taten . . . ihm weh (weh-tun) hurt him

hielt . . . an (an-halten) stopped

Was gehen die Nigger dich an (an-gehen) what business are the niggers to you
bedenke (bedenken) think of

lief ihm ein Hund hinterher (hinterher-laufen) a dog followed him

zu zweit together

Sonna'mt (= Sonnabend) Saturday

heimlich sprach sie (sprechen) she whispered

blau here: clear

blühten (blühen) were blossoming   die Nelke carnation
blaß pale

MITTWOCH

Mittwoch, in Alabama ein Tag,
ging er auf der Chaussee,
weit war der Weg nach Birmingham,
5   taten die Füße ihm weh.
  BLACK AND WHITE, UNITE! UNITE!

DONNERSTAG

Donnerstag hielt der Sheriff ihn an,
sagte ›Du bist doch weiß!‹
10   Sagte ›Was gehn die Nigger dich an?
Junge, bedenke den Preis!‹
  BLACK AND WHITE, UNITE! UNITE!

FREITAG

Freitag lief ihm ein Hund hinterher,
15   wurde sein guter Freund.
Abends schon trafen Steine sie schwer —
sie gingen weiter zu zweit.
  BLACK AND WHITE, UNITE! UNITE!

SONNA'MT

20   Sonna'mt, ein Tag, war furchtbar heiß,
kam eine weiße Frau,
gab ihm ein'n Drink, und heimlich sprach sie:
›Ich denk wie Sie ganz genau.‹
  BLACK AND WHITE, UNITE! UNITE!

25   LAST DAY

Sonntag, ein blauer Sommertag,
lag er im grünen Gras —
blühten drei rote Nelken blutrot
auf seiner Stirne, so blaß.
30   BLACK AND WHITE, UNITE! UNITE!
  steht auf seinem Schild.
  White and black — die Schranken weg!
Und er starb ganz allein.
Und er bleibt nicht allein.

Lorelei.

Heinrich Heine.(1822.)

Andante.

Fr. Silcher. (1837.)

1. Ich weiß nicht, was soll es be-deu-ten, daß ich so trau-rig bin; ein
2. Die schön-ste Jung-frau sit-zet dort o-ben wun-der-bar, ihr
3. Den Schif-fer im klei-nen Schif-fe er-greift es mit wil-dem Weh; er

1. Mär-chen aus al-ten Zei-ten, das kommt mir nicht aus dem Sinn. Die
2. gold'-nes Ge-schmei-de blit-zet, sie kämmt ihr gol-de-nes Haar. Sie
3. schaut nicht die Fel-sen-rif-fe, er schaut nur hinauf in die Höh'. Ich

1. Luft ist kühl und es dun-kelt, und ru-hig fließt der Rhein; der
2. kämmt es mil gol-de-nem Kam-me und singt ein Lied da-bei; das
3. glau-be, die Wel-len ver-schlin-gen am En-de Schiffer und Kahn; und

1. Gip-fel des Ber-ges fun-kelt im A-bend-son-nen-schein.
2. hat ei-ne wun-der-sa-me, ge-wal-ti-ge Me-lo-dei.
3. das hat mit ih-rem Sin-gen die Lo-re-lei ge-tan.

Wem Gott will rechte Gunst erweisen

Joseph von Eichendorff

Fr. Th. Fröhlich

Frisch und kräftig

VOCABULARY

ab-ändern to change
ab-bringen (brachte ab, hat abgebracht,
    bringt ab) to keep from
der Abend, -e evening; am Abend in the
    evening; eines Abends one evening;
    abends in the evening
der Abendsonnenschein evening sunlight
abermals once more
abgetrennt separated
der Abgrund, ⁓e abyss, depth
ab-halten (hielt ab, hat abgehalten, hält ab)
    to prevent; to keep out
sich ab-heben (hob sich ab, hat sich abge-
    hoben, hebt sich ab) to stand out
ab-holen to fetch
ab-lehnen to decline
ab-pflücken to pick
ab-schreiben (schrieb ab, hat abgeschrie-
    ben, schreibt ab) to copy
die Absicht, -en intention
absichtlich intentionally
ab-spielen to run off
ab-springen (sprang ab, ist abgesprungen,
    springt ab) to snap off
ab-suchen to search
ab-waschen (wusch ab, hat abgewaschen,
    wäscht ab) to rinse out
sich ab-wenden (wandte sich ab, hat sich
    abgewandt, wendet sich ab) to turn
    away
die Achsel, -n shoulder
achten auf to pay attention to
ächzen to groan
ähnlich similar, like
die Ähre, -n ear of grain
die Akazia, -ien acacia
allein alone, only
alles everything
allmächtig all powerful

allzu too
als as; when; than
also and so; thus
alt old; seit alters her since ancient times
altertümlich antiquated
die Ampel, -n traffic light
an-bieten (bot an, hat angeboten, bietet an)
    to offer
der Anblick, -e sight
an-brüllen to shout at
ander other
ändern to change
an-deuten to hint at
an-drehen to turn on
an-fangen (fing an, hat angefangen, fängt
    an) to begin
an-fassen to take hold of
an-gehen (ging an, hat angegangen, geht
    an) to concern
der Angeklagte, -n the accused
an-gelangen to arrive
angeschwemmt poured in
die Angst fear; Angst haben to be afraid;
    mir ist angst I'm afraid
ängstlich timid
an-halten (hielt an, hat angehalten, hält an)
    to stop
an-hören to listen to
an-klagen to arraign; to accuse
an-nehmen (nahm an, hat angenommen,
    nimmt an) to accept; to adopt
an-preisen (pries an, hat angepriesen, preist
    an) to plug
an-rühren to touch
an-schauen to look at; to watch
an-sehen (sah an, hat angesehen, sieht an)
    to look at; to scrutinize
das Ansehen prestige
die Ansicht, -en opinion

an-stellen to arrange
sich an-strengen to strain oneself
die Anstrengung, -en strenuous task
das Antlitz, -e face
an-treten (trat an, hat angetreten, tritt an)
   to begin
die Antwort, -en answer
antworten to answer
an-zünden to light
der Apparat, -e device
die Arbeit, -en work; sich an die Arbeit
   machen to get to work
arbeiten to work
der Architekt, -en architect
ärgerlich annoying
arm poor
der Arm, -e arm
der Arme, -n poor person
die Armut poverty
die Art, -en way
der Arzt, ⸚e doctor
der Atem breath; Atem holen to inhale
atemlos breathless
die Attrappe display packaging
auch also, too; auch nicht either
auf on
der Aufbruch, ⸚e departure
auf-fassen to record; to understand
auf-fordern to ask
auf-geben (gab auf, hat aufgegeben, gibt
   auf) to give up; sich auf-geben to give
   oneself up
auf-gehen (ging auf, ist aufgegangen, geht
   auf) to open; to rise
aufgeregt excited
auf-halten (hielt auf, hat aufgehalten,
   hält auf) to stop
auf-hängen (hing auf, hat aufgehängt,
   hängt auf) to string up
auf-heben (hob auf, hat aufgehoben, hebt
   auf) to pick up; to nullify
auf-hellen to clarify
auf-klappen to open
auf-machen to open
auf-nehmen (nahm auf, hat aufgenommen,
   nimmt auf) to receive
auf-richten to raise; sich auf-richten to
   take heart
auf-schreiben (schrieb auf, hat aufgeschrie-
   ben, schreibt auf) to write down
auf-springen (sprang auf, ist aufgesprun-
   gen, springt auf) to jump up
auf-stecken to put on
auf-stehen (stand auf, ist aufgestanden,
   steht auf) to get up
auf-tauchen to appear
auf-treten (trat auf, ist aufgetreten, tritt
   auf) to appear

auf-wachen to wake up
auf-wecken to awaken
das Auge, -n eye
der Augenblick, -e moment
augenblicklich right now
das Augenlicht eyesight
aus out of
aus-brechen (brach aus, ist ausgebrochen,
   bricht aus) to break out
aus-breiten to spread out
sich aus-drücken to express oneself
aus-fragen to quiz
der Ausgangspunkt, -e starting point
ausgebreitet stretched out
ausgehöhlt worn down
sich aus-kennen (kannte sich aus, hat sich
   ausgekannt, kennt sich aus) to know
   one's way around
aus-lachen to laugh at; to make fun of
aus-liefern to hand over
aus-machen to make a difference
aus-ruhen to rest
aus-rüsten to equip
aus-sehen (sah aus, hat ausgesehen, sieht
   aus) to appear; to look
außer except
außerdem besides
äußern to express
die Aussicht, -en prospect
aus-spannen to spread
aus-sprechen (sprach aus, hat ausgespro-
   chen, spricht aus) to utter
aus-steigen (stieg aus, ist ausgestiegen,
   steigt aus) to get out
der Ausweg, -e way out
aus-weichen (wich aus, ist ausgewichen,
   weicht aus) to hedge
das Auto, -s car
der Autofahrer, - driver
das Automobil, -e automobile

der Bach, ⸚e brook
backen (backte, hat gebacken, bäckt) to
   bake
der Bahnhof, ⸚e train station
bald soon
die Ballade, -n ballad
das Band, -e band; strip of metal
das Band, ⸚er ribbon
bange anxious
die Bank, ⸚e bench
das Bankgeschäft, -e banking transaction
der Baron, -e baron
der Bart, ⸚e beard
bärtig bearded
der Bauch, ⸚e stomach
bauen to build

der Bauer, -n peasant
die Bauernstube, -n sitting room
das Bauernvolk peasants
der Baum, ⁓e tree
beben to tremble
der Becher, - goblet
sich bedanken to say thanks
bedenken (bedachte, hat bedacht, bedenkt) to consider
bedeuten to mean
bedrohlich threatening
sich beeilen to hurry
beeindrucken to impress
beenden to complete; to finish
befehlen (befahl, hat befohlen, befiehlt) to command
beflaggen to flag
sich befinden (befand sich, hat sich befunden, befindet sich) to be; to be included; to be located
befragen to question
befreien to free
sich begeben (begab sich, hat sich begeben, begibt sich) to go; sich begeben auf (+ acc.) to begin, to start out on
begegnen to meet
begehen (beging, hat begangen, begeht) to commit
begeistert enthusiastic
beginnen (begann, hat begonnen, beginnt) to begin
begraben (begrub, hat begraben, begräbt) to bury
begreifen (begriff, hat begriffen, begreift) to comprehend; to understand
begreiflich comprehensible
begründen to establish
begrüßen to welcome
behalten (behielt, hat behalten, behält) to keep
behaupten to claim; to maintain
die Behauptung, -en claim
beide both; die beiden the two
das Beil, -e axe
das Bein, -e leg
beiseite aside
sich bekennen (bekannte sich, hat sich bekannt, bekennt sich) to confess
das Bekenntnis confession
beklagen to lament
bekommen (bekam, hat bekommen, bekommt) to receive
belachen to deride
belieben to choose
bemalt decorated
bemerken mention
sich bemühen to attempt
beobachten to observe

bequem comfortable
berechnen to calculate
die Berechnung, -en calculation
bereit prepared; ready
bereiten to prepare
bereits already
der Berg, -e mountain
bergen (barg, hat geborgen, birgt) to hide
berichten to inform
berücksichtigen to take into consideration
der Beruf, -e profession
beruhigen to quiet; to calm
berühmt famous
beschaffen to provide
beschießen (beschoß, hat beschossen, beschießt) to bombard
beschließen (beschloß, hat beschlossen, beschließt) to decide
der Beschluß, ⁓sse decision
besiegen to conquer
sich besinnen auf + acc. (besann sich, hat sich besonnen, besinnt sich) to recall
besitzen (besaß, hat besessen, besitzt) to possess
besonder special
besonders especially
besorgt worried
bespannt hitched up
besser better
bestaunen to admire
bestechen (bestach, hat bestochen, besticht) to bribe
bestehen (bestand, hat bestanden, besteht) to be in existence; bestehen auf to insist on
besteigen (bestieg, hat bestiegen, besteigt) to mount
bestellen to order; to take care of
bestimmen to determine; rule
bestimmt intended; distinct
bestürzt dumbfounded
der Besuch visitors; visit
besuchen to visit
die Beteuerung, -en the claim
betrachten to observe, consider
betreffen (betraf, hat betroffen, betrifft) to concern
betreten (betrat, hat betreten, betritt) to enter
sich betrüben to be sad
betrügen (betrog, hat betrogen, betrügt) to be deceitful
der Betrüger, - deceiver
das Bett, -en bed
betteln to beg
sich bewegen to move
der Beweis, -e evidence; einen Beweis führen to produce as evidence

beweisen (bewies, hat bewiesen, beweist) to prove
bezahlen to pay; to pay for
bieten (bot, hat geboten, bietet) to offer
das Bild, -er picture
billig cheap
bis until; **bis dahin** by then; **bis jetzt** up until now; **bis zu** until, up to
bisher up until now
ein bißchen a bit
das Bißlein, - morsel
die Bitte, -n request
bitte please
bitten (bat, hat gebeten, bittet) to ask; to request
bitter bitter; harsh
bitterböse furious
blasen (blies, hat geblasen, bläst) to blow; to sound
blaß pale
das Blatt, ⸗er leaf
blau blue
bleiben (blieb, ist geblieben, bleibt) to stay
bleich pale
der Blick, -e look in one's eyes; gaze
blicken to look
der Blinde, -n blind man
blinken to glisten
blitzen to sparkle, flash
blöd stupid
blühen to bloom
die Blume, -n flower
das Blut blood
der Blütenschimmer shimmer of blossoms
blutrot blood red
der Boden ground; floor; bottom
der Bogen, - sheet
böse evil; angry
der Bote, -n messenger
der Brauch, ⸗e custom; tradition
brauchen to need
brauen to brew
braun brown
brechen (brach, hat or ist gebrochen, bricht) to break; to break forth
breit broad; wide
brennen (brannte, hat gebrannt, brennt) to burn; to smart
der Brief, -e letter
der Briefträger, - mailman
bringen (brachte, hat gebracht, bringt) to bring; **zur Welt bringen** to give birth to
das Brot bread; livelihood
der Bruder, ⸗r brother
brummen to mutter
der Brunnen, - well
das Brunnenwasser well water

die Brust, ⸗e chest; bosom
das Buch, ⸗er book
sich bücken to bend down
bunt colorful
der Busch, ⸗e bush
büßen to pay

die Chaussee, -n highway
die Cholera cholera
der Chor, ⸗e chorus

da thereupon; there; since
dabei in so doing
daher therefore
daher-kommen (kam daher, ist dahergekommen, kommt daher) to come along
da-lassen (ließ da, hat dagelassen, läßt da) to leave
damals at that time
die Dame, -n lady
damit so that
dämmerhaft dim
die Dämmerung twilight
der Dampf steam
danken to thank
dann then
darauf thereupon
dar-stellen to portray
darum therefore
dasselbe the same
dauern to last; to take
dazu in addition; for that
decken to cover
der Degen,- sword
deinetwegen because of you
denken (dachte, hat gedacht, denkt) to think; **denken an** (+ acc.) to think about; **sich denken** imagine
das Denken thinking
denn for
dennoch yet
deshalb therefore
dessen whose
deswegen on that account
deutlich clear
deutsch German
der Dichter, - poet
dick fat
der Dieb, -e thief
dienen to help
der Diener, - servant
der Dienstag Tuesday
diesmal this time
das Ding, -e thing
doch however; anyhow; after all
der Donnerstag Thursday
der Doppelgänger, - double
doppelt twice

das Dorf, ⸚er village
dort there
die Dramatik drama
draußen outside; away
dreierlei three things
dreimal three times
dringen (drang, ist gedrungen, dringt) to force one's way
zum drittenmal for the third time
drohen to threaten
dröhnen to roar
drüben over there
drücken to squeeze
dumm dumb
dumpf dull
das Dunkel darkness
dunkel dark; sinister
dunkeln to get dark
dünn thin
durch through
durchaus quite easily; absolutely
durch-eilen hurry down
dürfen (durfte, hat gedurft, darf) to be allowed
dürr skinny; dry
düster gloomy

eben just now; just; of course
die Ebene, -n plain
die Ecke, -n corner
edel noble
der Edelstein, -e gem; jewel
die Ehre, -n honor; unter Ehren honorably
das Ehrenkreuz metal of honor
die Ehrfurcht respect
eigen own
eigenartig unique
eilen to hurry
einander each other
einfach simple
ein-fallen (fiel ein, ist eingefallen, fällt ein) to occur
einfältig simple; simple-minded
ein-flößen to instill
ein-führen to introduce
der Eingang, ⸚e entrance
eingemauert set into the wall
das Eingeweide, - insides
ein-graben (grub ein, hat eingegraben, gräbt ein) to bury
einige some
der Einlaß admittance
ein-lassen (ließ ein, hat eingelassen, läßt ein) to let in
einmal once, once upon a time; auf einmal suddenly; nicht einmal not even

ein-nehmen (nahm ein, hat eingenommen, nimmt ein) to assume
ein-reiten (ritt ein, ist eingeritten, reitet ein) to enter
einsam alone
die Einsamkeit loneliness
ein-schenken to fill a glass
ein-schlafen (schlief ein, ist eingeschlafen, schläft ein) to fall asleep
ein-singen (sang ein, hat eingesungen, singt ein) to sing to sleep
einst one day
ein-steigen (stieg ein, ist eingestiegen, steigt ein) to get in
ein-stellen to turn on; sich ein-stellen to suggest itself
ein-tanzen to dance to sleep
ein-treten (trat ein, ist eingetreten, tritt ein) to enter
der Eintritt entry; admission
einverstanden sein to agree; einverstanden sein mit (+ dat.) to agree to something
das Einverständnis consensus
ein-wiegen (wog ein, hat eingewogen, wiegt ein) to rock to sleep
einzig only; single
das Eis ice
die Eisenbahn, -en railroad; train
der Eisenbahnzug, ⸚e train
eisern iron
das Elektrizitätswerk, -e electric power plant
empfangen (empfing, hat empfangen, empfängt) to receive
die Empore gallery
empörend outrageous
empor-heben (hob empor, hat emporgehoben, hebt empor) to lift up
das Ende the end; am Ende in the end
endlich finally
eng narrow
entdecken to discover
die Entdeckung, -en discovery
entfallen (entfiel, ist entfallen, entfällt) to fall from
entfliehen (entfloh, ist entflohen, entflieht) to flee
entgegen against
entgegen-sehen (sah entgegen, hat entgegengesehen, sieht entgegen) to look at
sich enthalten + gen. (enthielt sich, hat sich enthalten, enthält sich) to refrain from
die Entlassung, -en release
entscheiden (entschied, hat entschieden, entscheidet) to decide; sich entscheiden to make up one's mind

sich entschließen (entschloß sich, hat sich entschlossen, entschließt sich) to decide
entschuldigen to excuse
entschwinden (entschwand, ist entschwunden, entschwindet) to disappear
das Entsetzen horror
entsprechend (+ gen.) in accordance with
entspringen (entsprang, ist entsprungen, entspringt) to arise
enttäuschen to disappoint
sich entzwei-reißen (riß sich entzwei, hat sich entzweigerissen, reißt sich entzwei) to tear oneself in two
sich erbarmen to show pity
erblicken to see
der Erdboden ground
die Erde earth; ground; soil
der Erdklumpen, - clod of dirt
erfahren (erfuhr, hat erfahren, erfährt) to learn about; to experience
die Erfahrung, -en experience
erfinden (erfand, hat erfunden, erfindet) to discover
der Erfinder, - inventor
die Erfindung, -en invention
sich ergeben (ergab sich, hat sich ergeben, ergibt sich) to result; to surrender
ergreifen (ergriff, hat ergriffen, ergreift) to attack; to grip; to pick up
erhalten (erhielt, hat erhalten, erhält) to receive; to get; to preserve
sich erheben (erhob sich, hat sich erhoben, erhebt sich) to arise
erinnern to remind; sich erinnern to remember; sich erinnern an (+ acc.) to recall
erkennen (erkannte, hat erkannt, erkennt) to realize; to recognize
erklären to explain
sich erkundigen to ask
erlauben to permit
die Erlaubnis, -se permission
erliegen (erlag, ist erlegen, erliegt) to submit
erlöschen to fade away
erlösen to release; to save
die Erlösung release
ermüden to tire
ernst serious
erquicken to invigorate
erreichen to reach; to attain
erscheinen (erschien, ist erschienen, erscheint) to appear
erschießen (erschoß, hat erschossen, erschießt) to shoot
erschrecken (erschrak, ist erschrocken, erschrickt) to be startled; (erschreckte, hat erschreckt) to frighten

erst first; not until; once; only
erstarrend dying
erstaunen to be surprised
ersticken to choke
ertragen (ertrug, hat ertragen, erträgt) to bear
ertreten (ertrat, hat ertreten, ertritt) to walk over, crush
erwachen to awaken
erwägen ponder
erwarten to wait for; to expect
erweisen (erwies, hat erwiesen, erweist) to grant
erzählen to tell; erzählen von to tell about
die Erzählung story
das Essen food; meals
etwa perhaps
etwas something
explodieren to explode

die Fabel, -n fable
fahren (fuhr, ist gefahren, fährt) to drive; to run schwarz fahren to use public transportation without paying
der Fall, ⸚e case, event auf jeden Fall in any case
die Falle, -n trap
fallen (fiel, ist gefallen, fällt) to fall
fällen to pass
falsch wrong; false
die Falte, -n wrinkle; fold
fanfarenblasend sounding fanfares
die Fanfare, -n fanfare
fangen (fing, hat gefangen, fängt) to catch, to capture
die Fassade, -n facade
fassen to hold; to embrace
fast almost
die Faust, ⸚e fist
Fehdehandschuh, -e gauntlet
fehlen to be missing
feige cowardly
der Feige, -n coward
fein fine; delicate; pretty
das Feld, -er field
das Fell, -e animal skin
der Felsenriff, -e reef
die Felswand, ⸚e steep mountainside
das Fenster, - window
fern distant
die Ferne distance
der Fernsehapparat, -e television set
das Fernsehen television
die Fessel, -n chain
fest firm
das Feuer, - fire
die Fichte, -n pine
der Film, -e film
der Filmaufnahmeapparat, -e camera

finden (fand, hat gefunden, findet) to find
der Finger, - finger
das Firmament, -e sky
flach smooth
die Fläche, -n surface
die Flamme, -n flame
fleißig hard working
fliegen (flog, ist geflogen, fliegt) to fly
fließen (floß, ist geflossen, fließt) to flow
die Flinte, -n musket
der Floh, ⁓e flea
die Flosse, -n fin
der Flug, ⁓e flight
der Flügel, - wing
das Flugzeug, -e airplane
die Flur, -en meadow
die Folge, -n effect
folgen (+ dat.) to follow; to obey
die Forschungsreise, -n expedition
fort away
fort-drängen to urge to leave
fort-fahren (fuhr fort, ist fortgefahren, fährt fort) to continue
fort-gehen (ging fort, ist fortgegangen, geht fort) to continue
der Fortschritt progress
fort-setzen continue
fort-springen (sprang fort, ist fortgesprungen, springt fort) to run away
die Frage, -n question
fragen to ask; fragen nach (+ dat.) to inquire about
Frankreich France
die Frau, -en woman
das Fräulein, - young lady
die Frauenstimme, -n female voice
frei free
der Freiherr, -en baron
der Freitag Friday
fremd unknown; foreign
die Freske, -n mural
fressen (fraß, hat gefressen, frißt) to eat
die Freude, -n joy
sich freuen to be happy, to rejoice; sich freuen an (+ dat.) to enjoy; sich freuen auf (+ acc.) to look forward to
der Freund, -e friend
freundlich friendly
freundschaftlich in a friendly way
frisch cheerful
froh happy
fröhlich happy
fromm pious
die Front, -en facade
der Frosch, ⁓e frog
der Froschkönig, -e frog king
die Frucht, ⁓e fruit
früh early; soon
früher in the old days

der Fuchs, ⁓e fox
fügen to add
sich fühlen to feel; sich wohl fühlen to feel good
führen to lead
der Fuhrherr, -en wagon driver
die Fülle flood
füllen to fill
fünfhundert five hundred
funkeln to sparkle
die Furcht fear
furchtbar terrible
fürchten to fear; sich fürchten to be afraid; sich fürchten vor (+ dat.) to be afraid of
fürchterlich awful
das Fürchterlichste the most frightening thing
der Fürst, -en prince
der Fuß, ⁓e foot

die Gabel, -n fork
der Galgen, - gallows
der Gang gait; course; corridor; sich in Gang setzen to start moving
ganz whole; entire; very
gar very
gar nicht not at all
gar nichts nothing at all
garstig ugly
die Gasse, -n street
der Gast, ⁓e guest
die Gebärde, -n gesture
geben (gab, hat gegeben, gibt) to give; es gibt there is, there are
das Gebirge the mountains
geboren born
gebückt cowering; bowed
das Gedächtnis memory
der Gedanke, -n thought; Gedanke an thought of
geduldig patiently
gefährlich dangerous
der Gefährte, -n companion
gefallen (gefiel, hat gefallen, gefällt) to please; das gefällt mir I like that; wohl gefallen to please very much
das Gefängnis, -se prison, jail
die Gefängniszelle, -n prison cell
das Gefühl, -e feeling; emotion
gegen against
gegeneinander facing each other
gegenseitig each other
gegenüber-stehen (stand gegenüber, hat gegenübergestanden, steht gegenüber) to face
gegenwärtig present
gehen (ging, ist gegangen, geht) to go; to leave

der Gehilfe, -n assistant
das Gehör sense of hearing
gehorchen to obey
das Gelächter laughter
gelaunt sein to be in a mood
das Geld money
der Gelehrte, -n scholar
gelingen (gelang, ist gelungen, gelingt) to
    be successful; to work out
der Gemahl, -e husband
die Gemahlin, -nen wife
gemäß (+ gen.) in accordance with
genau exactly; closely
genug enough
genügen to suffice
geordnet orderly
geradeaus straight ahead
geradezu straight
das Geräusch, -e noise
die Gerechtigkeit justice
das Gericht, -e court
gerichtet turned
der Gerichtssaal court room
gern(e) gladly; willingly
geschehen (geschah, ist geschehen, geschieht)
    to happen
gescheit smart
die Geschichte, -n story
geschickt skillful; clever
geschlossen closed
das Geschmeide jewelry
das Geschöpf, -e creature; person
das Geschrei, -e uproar
geschwind fast
der Geselle, -n pal
das Gesetz, -e law
das Gesicht, -er face
das Gespräch, -e conversation
gespreizt spread out
die Gestalt, -en shape, figure
gestatten to permit
gestehen (gestand, hat gestanden, gesteht)
    to confess
gestern yesterday
gestirnt starry
gesund healthy
die Gesundheit health
das Getös racket
das Getrabe hoof beats
sich getrauen to dare
gewachsen sein (+ dat.) to be up to
gewaffnet armed
gewagt risky
gewähren to grant
die Gewalt force, power
gewaltig mighty; forceful
das Gewand, -er garment; robe
der Gewinn, -e total gain
gewinnen (gewann, hat gewonnen, gewinnt)
    to win; to gain

gewiß certain
gewöhnlich usual
gewohnt, gewöhnt accustomed
gewunden winding
der Giebel, - gable
das Gift, -e poison
der Gipfel, - top
der Glanz light
glänzen to shine
glänzend glittering
das Glas, -er glass
gläsern vitreous
glatt smooth
der Glaube, -n belief
glauben to believe
gleich (+ dat.) like
gleich equally; immediately; similar
gleichen + dat. (glich, hat geglichen, gleicht)
    to resemble
gleichgültig indifferently
gleich-machen to level, raze
das Gleichnis, -se parable
das Glück good luck
glücklich happy
glücklicherweise fortunately
die Glühbirne, -n light bulb
die Gnade mercy
das Gold gold
goldgierig greedy
gotisch gothic
der Gott God
das Grab, -er grave
der Graf, -en count
die Gräfin, -nen countess
das Grammophon phonograph
das Gras grass
gräßlich hideous
das Gräßlichste the most hideous thing
der Grat, -e ridge
grau grey
das Grauen light
grausam cruel
grausen to terrify
der Greis, -e old man
der Grenadier, -e grenadier, soldier
groß big
der Größenunterschied difference in height
die Großstadt, -e large town
das Grün green
grün green
der Grund, -e bottom; reason
das Gruseln the creeps
gülden golden
die Gunst favor
gut good

das Haar, -e hair
der Hafen, - harbor
haften to cling

der **Haifisch**, -e shark
halb half
halbieren to cut in half
die **Halle**, -n hall
der **Hals** throat
das **Halsband**, ⁻er necklace
halten (hielt, hat gehalten, hält) to hold;
  to stop; to keep
halten für (hielt, hat gehalten, hält) to consider
halt-machen to stop and stay
das **Hämmern** tapping
hämmernd pecking
die **Hand**, ⁻e hand
der **Händedruck** touch of hands
handeln to act
handfest tangible
die **Handlung**, -en plot
der **Handschuh**, -e glove
hängen (hing, hat gehangen, hängt) to
  hang
der **Hase**, -n hare
die **Haspel**, -n reel for winding yarn
häßlich ugly
hastig hastily
das **Hauptportal** main gate
hauptsächlich chiefly
das **Haus**, ⁻er house; **nach Hause gehen**
  to go home; **zu Hause sein** to be at
  home
das **Heer**, -e army
heilen to heal
die **Heimat** home; homeland
heim-bringen (brachte heim, hat heimge-
  bracht, bringt heim) to take home
die **Heimkehr** return home
heimlich secret
heiß hot
heißen (hieß, hat geheißen, heißt) to be
  called; to mean; **willkommen-heißen**
  to welcome
heldenhaft heroic
helfen (half, hat geholfen, hilft) to help
hell bright
der **Henker**, - henchman
herab-fallen (fiel herab, ist herabgefallen,
  fällt herab) to fall down
heran-fahren (fuhr heran, ist herangefahren, fährt heran) to drive up
herauf-heben (hob herauf, hat heraufge-
  hoben, hebt herauf) to lift
herauf-holen to bring up
herauf-kriechen (kroch herauf, ist heraufgekrochen, kriecht herauf) to crawl
  up
herauf-rudern to paddle up
herauf-steigen (stieg herauf, ist heraufge-
  stiegen, steigt herauf) to dawn
der **Herbsttag**, -e fall day
herein-flackern to filter in

herein-hüpfen to jump in
herein-kommen (kam herein, ist hereinge-
  kommen, kommt herein) to enter
herein-treten (trat herein, ist hereingetre-
  ten, tritt herein) to enter
her-holen to fetch
hernach thereafter
der **Herr**, -en gentleman; **mein Herr** sir,
  master
der **Herr** Lord
herrschen to be in effect; to exist
her-sagen to recite
herum-fragen to ask around
herunter-kommen (kam herunter, ist her-
  untergekommen, kommt herunter) to
  come down
herunter-steigen (stieg herunter, ist her-
  untergestiegen, steigt herunter) to descend)
hervor-gehen (ging hervor, ist hervorge-
  gangen, geht hervor) to follow
hervor-kommen (kam hervor, ist hervorge-
  kommen, kommt hervor) to appear
hervor-steigen (stieg hervor, ist hervorge-
  stiegen, steigt hervor) to get up
das **Herz**, -en heart
herzig dear little
der **Herzog**, ⁻e duke
heute today; **heute noch** even today
die **Hexe**, -n witch
hierzulande in this country
die **Hilfe** help
die **Hilfsexpedition**, -en relief expedition
der **Himmel** sky; heaven
hin gone
hin und her back and forth
hinab-fallen (fiel hinab, ist hinabgefallen,
  fällt hinab) to fall down
hinab-gehen (ging hinab, ist hinabge-
  gangen, geht hinab) to descend
das **Hinabgehen** descending
hinab-schleudern to hurl down
hinab-sinken (sank hinab, ist hinabge-
  sunken, sinkt hinab) to sink down
hinab-steigen (stieg hinab, ist hinabgestiegen, steigt hinab) to step down
hinab-werfen (warf hinab, hat hinabgeworfen, wirft hinab) to throw down
hinan-steigen (stieg hinan, ist hinangestiegen, steigt hinan) to climb
hinauf-schauen to look up
hinauf-steigen (stieg hinauf, ist hinauf-
  gestiegen, steigt hinauf) to climb up
hinauf-tragen (trug hinauf, hat hinaufge-
  tragen, trägt hinauf) to carry up
hinaus-gehen (ging hinaus, ist hinausge-
  gangen, geht hinaus) to go out
hinaus-schauen to look out
hindern to hinder
das **Hindernis**, -se obstacle

hin-drängen to force to; **sich hin-drängen** to yearn
hinein-brüllen scream into
hinein-fahren (fuhr hinein, ist hineingefahren, fährt hinein) to sink in
hinein-gehen (ging hinein, ist hineingegangen, geht hinein) to enter
hinein-heben (hob hinein, hat hineingehoben, hebt hinein) to help up
hinein-rollen to roll into
hin-fallen (fiel hin, ist hingefallen, fällt hin) to collapse
hinkend limping
hin-reichen to hand
hin-schauen to look; to watch
hinten behind; in back
hinter back
der Hintergrund background
hinterher-laufen (lief hinterher, ist hinterhergelaufen, läuft hinterher) to follow
hinterher-werfen (warf hinterher, hat hinterhergeworfen, wirft hinterher) to throw after
hinüber-bringen (brachte hinüber, hat hinübergebracht, bringt hinüber) to bring to the other side
hinunter-gehen (ging hinunter, ist hinuntergegangen, geht hinunter) to go down
hinüber-kommen (kam hinüber, ist hinübergekommen, kommt hinüber) to reach the other side
sich hinunter-neigen to bend down
hinunter-rufen (rief hinunter, hat hinuntergerufen, ruft hinunter) to call down
hinunter-steigen (stieg hinunter, ist hinuntergestiegen, steigt hinunter) to climb down
hoch high
hoch-glucksen to gurgle up
sich hoch-richten to raise oneself
die Hochzeit wedding; **Hochzeit halten** to get married
der Hof, ⸚e court; courtyard; farm
der Hofbesitzer, - owner of a farmstead
hoffen to hope
hoffentlich I (we) hope
die Hofleute people at court
der Höfling, -e courtier
der Hofnarr, -en court jester
das Hoftor, -e gate
hoh high; stately
die Höhe, -n height, top; level; **in die Höhe werfen** to throw up in the air
der Hohn cynicism
hold dear
holen to get; to fetch
hölzern wooden
der Holzstuhl, ⸚e wooden chair

der Honig honey
hoppla oops
horchen to listen; **horchen auf** (+ acc.) to listen to
hören to hear; **hören auf** (+ acc.) to pay attention to
der Hörer, - listener
der Hörspielautor, -en author of radio plays
der Hörspielregisseur, -e director of radio plays
die Hosenträger suspenders
das Hotel, -s hotel
hübsch nice; charming
die Hügellandschaft, -en hilly landscape
der Hund, -e dog
hundert hundred
hungrig hungry
hüpfen to jump about
die Hütte, -n hut

immer noch still
immerfort always
indem meanwhile
das Individuum, -uen individual
der Ingenieur, -e engineer
das Innere inside
die Instanz, -en resort
die Institution, -en institute
irgendein some kind of
irgendwo somewhere
irgendwoher from somewhere
ironisch ironically
der Irre, -n madman
sich irren to make a mistake
der Irrtum, ⸚er mistake

ja as you know; after all
jagen to drive
jagend racing
das Jahr, -e year
jahrelang lasting for years
der Jammer cares
jammern to lament
je ever
jeder, jede, jedes every
jedesmal every time
jedoch however
jeglich every
jemals ever
jemand somebody
jener, jene, jenes that
jenseits (+ gen.) on the other side; opposite
jetzt now
jetzig present
das Joch, -e yoke
der Juli July

jung young
der Junge, -n kid
die Jungfer, -n miss
die Jungfrau, -en maiden
die jüngste the youngest one

der Kaffee coffee
kahl bare
der Kahn, ⸚e skiff
der Kai, -s pier
der Kaiser, - emperor
kalt cold
der Kamm, ⸚e comb
kämmen to comb
die Kammer chamber
kämpfen to fight
die Kanne, -n pitcher
die Kanone, -n canon
das Kanonengebrüll roar of cannons
kapitulieren to capitulate
der Kasten, - box
die Katze, -n cat
kaufen to buy
kaum hardly
die Kehle, -n throat
der Keim, -e core
kein no
kennen (kannte, gekannt, kennt) to know
der Kerker, - prison
der Kerl, -e guy
die Kerze, -n candle
die Kette, -n chain
keuchend gasping for breath
das Kind, -er child
die Kinderwiege, -n cradle
kindisch childish
das Kinn chin
das Kino, -s movies
kitschig corny
klagen to cry; to carry on
kläglich woeful
klar clear
klatschen to clap
das Kleid, -er dress; clothes
klein short; little
klingen (klang, hat geklungen, klingt) to sound
klirren to clash
klopfen to knock; to pound
der Knabe, -n young boy
der Knecht, -e servant
kommen (kam, ist gekommen, kommt) to come
der König, -e king
die Königin, -nen queen
das Königreich, -e kingdom
das Königskind, -er king's child
der Königssohn, ⸚e prince

die Königstochter, ⸚ princess
können (konnte, hat gekonnt, kann) to be able
konstruieren to construct
der Kopf, ⸚e head
der Körper, - body
der Korridor, -e corridor
krachen to explode; to crack
die Kraft, ⸚e strength
die Krähe, -n crow
krank sick
die Krankheit, -en sickness
kreuzen to cross
kriechen (kroch, ist gekrochen, kriecht) to crawl
der Krieg, -e war
die Krone, -n crown
der Krug, ⸚e jug; vessel
die Küchenmagd, ⸚e kitchen maid
der Kuckuck, -e cuckoo
die Kugel, -n ball; bullet
kühl cool
der Kühlschrank, ⸚e refrigerator
die Kulisse, -n stage set
kümmern to concern
die Kunde, -n news; knowledge
die Kunst, ⸚e skill; art; fabrication
der Kunstrichter, - critic
in Kürze soon; shortly
der Kuss, ⸚e kiss
küssen to kiss

die Lache, -n pool
lächeln to smile
lachen to laugh; lachen über (+ acc.) to laugh at
das Lachen laughter
lächerlich ludicrous
die Läden shutters
die Lage, -n situation
lähmen to paralyze
die Lampe, -n lamp
das Land, ⸚er country; province
die Landstraße, -n road
lang long; tall
lange by far; for a long time
die Langeweile boredom; Langeweile haben to be bored
langsam slow
sich langweilen to be bored
die Lanze, -n lance
lassen (ließ, hat gelassen, läßt) to leave; to let; lassen von to stop
die Last, -en burden
laufen (lief, ist gelaufen, läuft) to run
die Laufrichtung, -en course
laut loud; immer lauter louder and louder
leben to live

das Leben life
etwas Lebendes something alive
lebewohl farewell
lebhaft vivacious
ledern leathery
leer empty
legen to place; to lay
legitim legitimate
lehnen to lean
der Lehrer, - teacher
der Leib, -er body
die Leiche, -n dead body
leicht easy; light; graceful
das Leid sorrow;　**Leid um** sorrow for;
　er tut mir leid I feel sorry for him
leiden (litt, hat gelitten, leidet) to suffer;
　leiden unter (+ dat.) to suffer from
leider unfortunately
leise softly; quietly
die Lerche, -n lark
lernen to learn
lesen (las, hat gelesen, liest) to read
letzt last
leugnen to deny
die Leute people
das Licht, -er light
lieb dear; precious
das Liebchen dear, darling
die Liebe love
lieben to love
lieber rather
lieb-haben (hatte lieb, hatte liebgehabt, hat
　lieb) to be kind to; to love
das Liebliche the nice thing
liebstes favorite
das Lied, -er song
liefern to give
liegen (lag, hat gelegen, liegt) to lie; to be
　situated
liegen-lassen (ließ liegen, hat liegenlassen,
　läßt liegen) to leave behind
die Linde, -n linden tree
link left
links on the left
lispeln to whisper
locken entice
los-brüllen to start howling
lösen loosen;　**sich lösen** to emerge; to be
　fired
los-lassen (ließ los, hat losgelassen, läßt
　los) to let loose
los-platzen to burst out laughing
die Lösung, -en solution
die Luft air; breeze
lügen (log, hat gelogen, lügt) to lie
der Lügner, - liar
der Lumpen, - rag
lumpig crummy
lustig funny

machen to make, to do;　**sich auf den Weg**
　machen to set out
die Macht, ⁓e power
mächtig strong
das Mädchen, - girl
mädchenhaft girllike
die Magd, ⁓e maid
Majestät your majesty
das Mal, -e time;　**zum ersten Mal** for the
　first time
mal times; once
man one
manche many; some
der Mann, ⁓er man
das Männchen little man; dwarf
die Männerstimme, -n male voice
der Mantel, ⁓ coat
das Märchen, - fairy tale; legend
die Märe, -n news
die Marmortreppe, -n marble stairway
das Maß, -e measure
der Mast, -e mast
matt exhausted
die Mauer, -n wall
das Maul mouth
der Maurer, - mason
die Maus, ⁓e mouse
der Mechaniker, - mechanic
die Medizin, -en medicine
das Meer, -e ocean
mehr more;　**mehr als** more than
mehrmals repeatedly
meinen to think; to mean
die Meinung, -en opinion
die meisten most of them
meistens usually
die Melodie, -n melody
die Menge, -n crowd
der Mensch, -en person
menschlich human
merken to notice, to remember;　**sich mer-**
　ken to remember
merkwürdig remarkable
das Messer, - knife
das Mikrophon microphone
milchig pale
minderjährig underage
mißbrauchen to misuse
mißtrauisch distrustful
mit-gehen (ging mit, ist mitgegangen, geht
　mit) to go along
mit-kommen (kam mit, ist mitgekommen,
　kommt mit) to come along
das Mitleiden pity
mit-nehmen (nahm mit, hat mitgenommen,
　nimmt mit) to take along
der Mittag noon;　**gen Mittag** at noon
die Mitte middle; center
mitten down the middle

der Mittwoch Wednesday
mögen (mochte, hat gemocht, mag) to like
möglich possible
der Monat, -e month
monatelang for months
der Mond moon
die Mondnacht, ⁓e moonlit night
der Montag Monday
der Mord, -e murder
der Mörder, - murderer
der Morgen, - morning; am Morgen in the
    morning; bis zum Morgen til dawn;
    gen Morgen in the morning
morgen tomorrow; morgen früh tomor-
    row morning
das Morgengrauen dawn
das Morgenrot dawn
die Moritat, -en street ballad
das Motiv, -e theme
müde tired
die Mühe effort; mit Mühe und Not with
    great difficulty, barely
mühsam with difficulty
der Müller, - miller
die Müllerin, -nen miller's wife or daughter
die Müllerstochter, ⁼ miller's daughter
der Mund, ⁼er mouth
munter happy
mürrisch sulky; bad-tempered
die Musik music
müssen (mußte, hat gemußt, muß) to have
    to
mutig courageous
die Mutter, ⁼ mother
der Mutwille deliberateness; aus Mutwillen
    deliberately

der Nachbar, -n neighbor
die Nachbarschaft neighborhood
nach-denken (dachte nach, hat nachge-
    dacht, denkt nach) to reflect
das Nachdenken reflection
nach-folgen (+ dat.) to follow
der Nachhauseweg way home
nachlässig nonchalant
nach-prüfen to check
nach-schauen to watch
nach-schreien (schrie nach, hat nachge-
    schrien, schreit nach) to call after
nächst next
die Nacht, ⁓e night; eines Nachts one
    night
nächtlich nocturnal
nah(e) close; nahe bei close to
die Nähe vicinity
sich nähern to approach
nähren to keep alive
der Name, -n name

nämlich namely; you see; you know
der Narr, -en fool
die Natur nature
der Nebel mist
nebelhaft vague
der Nebelstreif, -en streak of fog
nebensächlich irrelevant
der Neger, - black
nehmen (nahm, hat genommen, nimmt) to
    take
sich neigen to lean
die Nelke, -n carnation
nennen (nannte, hat genannt, nennt) to
    call
neu new; von neuem from the beginning
die Neugier curiosity
nichts nothing; nichts mehr nothingmore;
    nichts anderes nothing else
das Nichts nothingness
nicken to nod
nie never
nieder low
nieder-fallen (fiel nieder, ist niedergefallen,
    fällt nieder) to fall down
sich nieder-legen to lie down
nieder-schlagen (schlug nieder, hat nieder-
    geschlagen, schlägt nieder) to cast down
sich nieder-setzen to sit down
niemand nobody
nimmermehr never
nirgends nowhere
die Nische, -n niche
noch still; noch nicht not yet; noch ein-
    mal once again; noch etwas some-
    thing else; noch einer another one;
    auch noch in addition
die Not trouble; distress; worry
die Notwendigkeit necessity
nüchtern calm
nun now
nur only
die Nymphe, -n nymph

ob whether
das O-Bein, -e bowleg
oben up above
obgleich although
offen open
offenbar apparently
offen-stehen (stand offen, ist offengestan-
    den, steht offen) to be open
öffnen to open; sich öffnen to open
öfters often
ohne without
das Ohr, -en ear
der Operationstisch, -e operating table
die Ordnung, -en order
der Ort, -e place

der Sattel, ⸗ saddle
satteln to saddle
der Satz, ⸗e sentence
säuseln to rustle
schäbig shabby
schaden (+ dat.) to harm
die Schäferin, -nen shepherdess
schaffen to get; to provide; to move
der Schafskopf, ⸗e blockhead
schalten to switch, to change; schalten
   auf to change to
sich schämen to be embarrassed; to be
   ashamed
die Schande shame
schänden to rape
schändlich shameful
scharf watchful; sharp
der Schatten, - shadow
der Schatz, ⸗e treasure
schauen to look; schauen auf (+ acc.) to
   look at
das Schauspiel, -e spectacle
scheiden (schied, ist geschieden, scheidet)
   to take one's leave
der Schein, -e light
scheinen (schien, hat geschienen, scheint)
   to shine, to gleam; to appear
der Schemel, - stool
scheren to concern
sich scheren to beat it
schicken to send
das Schicksal fate; lot
schieben (schob, hat geschoben, schiebt)
   to push
schießen (schoß, hat geschossen, schießt) to
   shoot
das Schiff, -e boat; ship
der Schiffer, - boatman
das Schild, -er placard
die Schildwache sentry
schimpfen to scold; to shout
schlafen (schlief, hat geschlafen, schläft) to
   sleep; sich schlafen legen to lie down
   to sleep
der Schlafende the sleeping person
das Schlafengehen going to bed
der Schlag, ⸗e knock
schlagen (schlug, hat geschlagen, schlägt)
   to knock
schlecht bad
der Schleier, - veil
schleppen to drag
schließen (schloß, hat geschlossen, schließt)
   to close; to lock
schließlich finally; after all
das Schloß, ⸗sser castle
der Schlummer slumber
der Schluß, ⸗sse conclusion

die Schmähung, -en scorn
schmal narrow
schmecken to taste
schmeißen (schmiß, hat geschmissen,
   schmeißt) to throw
der Schmerz, -en pain
der Schmuck, -e decoration
schnell quickly; fast
schnörkelhaft elaborate
schnurren to whir
schon already
schön nice; beautiful
schonend gently
die Schranke, -n barrier
der Schreck terror
der Schrecken, - shock; fear
schreckhaft with alarm
schrecklich awful; frightful
schreiben (schrieb, hat geschrieben,
   schreibt) to write
das Schreiben writing
schreien (schrie, hat geschrien, schreit) to
   scream; to cry
der Schreiner, - carpenter
der Schritt, -e step
schüchtern shy; bashful
der Schuh, -e shoe
die Schuld guilt; offense
schuldig guilty
der Schuldige guilty man
die Schule, -n school
der Schüler, - pupil
der Schuß, ⸗sse shot
schütteln to shake
schützen to protect
der Schutzmann, ⸗er policeman
schwach weak
schwarz black
schwätzen to babble
schweben to sail; to hover
der Schweif, -e train
schweigen (schwieg, hat geschwiegen,
   schweigt) to be silent
die Schwelle, -n threshold
schwer difficult; heavy; hard
das Schwert, -er sword
die Schwester, -n sister
schwierig difficult
die Schwierigkeit, -en difficulty
schwindeln to swindle; es schwindelt mir I
   feel dizzy
der Schwindler, - swindler
schwirren to fly
schwören (schwur, hat geschworen,
   schwört) to swear
der Schwung flourish
der Seefahrer, - sailor
die Seele, -n soul

der Seeräuber, - pirate
das Segel, - sail
segeln to sail
sehen (sah, hat gesehen, sieht) to see;
    sehen nach to look at
sehnlich ardent; anxious
die Sehnsucht intense longing
sehr much; very
die Seide silk
seiden of silk
das Seil, -e rope
seinerzeit previously
seinesgleichen his kind
seinetwegen because of him
seit since
seitdem since then
die Seite, -n side
seither since then
seitwärts next to
selten rare; rarely; seldom
seltsam strange
senken to sink
der Sessel, - chair
setzen to set; sich setzen to sit down;
    sich in Gang setzen to start moving
die Seuche, -n epidemic
seufzen to sigh
der Sheriff sheriff
sicher certain; assured; indeed; secure;
    steady
das Silber silver
silbern silvery
singen (sang, hat gesungen, singt) to sing
das Singen singing
sinken (sank, ist gesunken, sinkt) to sink,
    droop
der Sinn sense; meaning; mind
sinnlos meaningless
sitzen (saß, hat gesessen, sitzt) to sit
sodann after that
sofort immediately
sogar even
der Sohn, ⁓e son
Soho district of London
solcher, solche, solches such
sollen should; ought to
der Sommer summer
der Sommertag, -e summer day
sonder without
sondern but
der Sonnabend Saturday
die Sonne, -n sun
der Sonnenaufgang, ⁓e sunrise
das Sonnenlicht sunlight
der Sonnenschein sunshine
der Sonnenuntergang, ⁓e sunset
sonnig sunny
der Sonntag Sunday
sonst other than that; otherwise

sooft every time
die Sorge, -n care, worry; sich Sorgen
    machen wegen to worry about
sorgen für to provide for
soweit insofar
Spanien Spain
spät late; wie spät ist es? what time is it?
der Specht, -e woodpecker
das Spiel, -e game; play
der Spieler, - player; actor
der Spielkamerad, -en playmate
das Spielwerk, -e game
spinnen (spann, hat gesponnen, spinnt) to
    spin
das Spinnrad, ⁓er spinning wheel
der Spitzbogen, ⁓ pointed arch
die Spitze, -n point
die Spitznase, -n pointed nose
die Sprache, -n speech
sprechen (sprach, hat gesprochen, spricht)
    to speak; sprechen von to speak about
der Springbrunnen, - fountain
springen (sprang, ist gesprungen, springt)
    to leap
der Spuk, -e effect
die Spule, -n spool
die Spur, -en trace
die Staaten the States
die Stadt, ⁓e city
der Städter, - man from the city
der Stadtteil, -e section of a city
der Stall, ⁓e stable
stampfen to stomp
ständig constantly
stark strong
starr numb
statt instead of
der Staub dust
staunen to be astonished
stehen (stand, ist gestanden, steht) to stand
stehen-bleiben (blieb stehen, ist stehenge-
    blieben, bleibt stehen) to stop; to stand
    motionless
steigen (stieg, ist gestiegen, steigt) to rise;
    to step
das Steigen climbing
der Stein, -e stone
steinern stone; hard
die Steinfliese, -n flagstone
die Stelle, -n position
stellen to place; eine Frage stellen to ask
    a question; sich stellen to stand; to
    give oneself up
die Stellung, -en position
sterben (starb, ist gestorben, stirbt) to die
der Sterbende the dying man
der Stern, -e star
sternklar starry
stets always

das Stichwort, ⁼er cue
still quiet
die Stille quiet
die Stimme, -n voice
stimmen to be right
die Stirn brow; forehead
der Stolz pride
stolz proud
stoßen (stieß, hat gestoßen, stößt) to push;
    to stomp
die Strafe, -n punishment
der Strand, ⁼e shore
die Straße, -n street
die Straßenbahn, -en streetcar
die Straßenecke, -n street corner
die Straußfeder, -n ostrich plume
streben to strive
strecken to stretch; to lift
der Streich, -e blow
streichen to smear
sich streiten (stritt sich, hat sich gestritten,
    streitet sich) to argue; sich streiten
    über (+ acc.) to argue about some-
    thing
das Stroh straw
der Strom, ⁼e river
die Stube, -n room
das Stück, -e piece; ein Stück Wegs a
    little way
der Student, -en student
das Studium study
die Stufe, -n step
der Stuhl, ⁼e chair
die Stukkatur, -en stucco work
stumm dumb; silent
die Stunde, -n hour
stundenlang for hours
die Suche search; sich auf die Suche
    machen to begin the search
suchen to look for; to try
der Süden the South
die Südstaaten the Deep South
die Sühne punishment
der Sünder, - sinner
die Süße sweetness

die Tafel, -n table; sich zur Tafel setzen
    to sit down to dine
der Tag, -e day; eines Tages one day
die Tageszeit, -en time of day
täglich every day
tagsüber during the day
das Tal, ⁼er valley; ravine
der Taler, - dollar
der Tannenwald, ⁼er forest of evergreens
tanzen to dance
die Tapete, -n wall covering
die Tasse, -n cup
die Tat, -en deed; in der Tat indeed, in fact

tatarisch tartar
die Taube, -n pigeon
täuschen to deceive
tausend thousand
tausendfach thousandfold
der Techniker, - technologist
das Technikum technical demonstration
teilnahmslos indifferent
das Telefon, -e telephone
der Teller, - plate
der Teufel, - devil
die Themse the Thames
tief deep
tippen to tap
der Tisch, -e table
die Tischschublade, -n drawer
die Tochter, ⁼ daughter
der Tod death
die Todesschuld guilt
das Todesurteil death sentence
der Ton, ⁼e melody
das Tor, -e gate; gateway
tot dead
der Tote, -n dead man
die Tote, -n dead woman
töten to kill
die Tour, -en tour; auf Tour gehen to
    take a trip
träge lethargic
tragen (trug, hat getragen, trägt) to carry;
    to wear; to have
der Trank drink
trauen auf (+ acc.) to rely on
der Traum, ⁼e dream
träumen to dream
traurig sad
die Traurigkeit sadness
treffen (traf, hat getroffen, trifft) to strike;
    sich treffen to happen
treiben (trieb, hat getrieben, treibt) to drive
die Treppe, -n stairs
treten (trat, ist getreten, tritt) to step; to
    walk
treu faithful
der Trichter, - funnel
trinken (trank, hat getrunken, trinkt) to
    drink
die Trompete, -n trumpet
der Tropfen, - drop
trösten to console; sich trösten to cheer up
trostlos desolate
der Trottel, - dope
trotz in spite of
trotzdem nonetheless
die Truppe, -n troop
tun (tat, hat getan, tut) to do; to act
das Tun activity
die Tür, -en door
die Türe, -n door

der **Türflügel** door
der **Türhüter** guard
der **Turm, ⸚e** tower
die **Turmuhr, -en** tower clock

über on
überanstrengen to overexert
übergeben (übergab, hat übergeben, übergibt) to hand over
übergehen (ging über, ist übergegangen, geht über) to change
überglänzt illuminated
überhaupt at all; **überhaupt nichts** nothing at all
überladen overdone
über-lassen (überließ, hat überlassen, überläßt) to leave to
überlegen to ponder, to think, to reflect; **sich überlegen** to think about
überlisten to outsmart
übermorgen the day after tomorrow
die **Übernahme, -n** taking over
überrascht surprised
über-schreiten (überschritt, hat überschritten, überschreitet) to cross
über-schütten to shower
die **Uhr, -en** watch
um around; **um . . . herum** around
um . . . willen for the sake of
um . . . zu in order to
umarmen to embrace
um-bringen (brachte um, hat umgebracht, bringt um) to kill
sich um-drehen to turn around
um-fallen (fiel um, ist umgefallen, fällt um) to fall over
um-gehen (ging um, ist umgegangen, geht um) to go around
um-gürten to buckle on
um-kehren to turn back
sich um-kleiden to change clothes
sich um-sehen (sah sich um, hat sich umgesehen, sieht sich um) to look around
der **Umstand, ⸚e** detail
um-stimmen to change the mind of
unbarmherzig merciless
das **Unbehagen** uneasiness
unbekannt unknown
unbewacht unattended
unbeweglich motionless
undeutlich unclear; indefinite
unermeßlich vast
unersättlich insatiable
ungerecht unjust
das **Ungerechte** wrong
die **Ungerechtigkeit, -en** injustice
ungewöhnlich unusual
das **Unglück** misfortune

unglücklich unfortunate
unmöglich impossible
das **Unrecht** injustice
die **Unruhe** restlessness
unruhig restless
die **Unschuld** innocence
unschuldig innocent
unsicher uncertain
unsichtbar invisible
die **Untat, -en** atrocity
unter under; low
unterbrechen (unterbrach, hat unterbrochen, unterbricht) interrupt
unterbrochen broken
untereinander to each other
die **Untergrundbahn, -en** subway
die **Untersuchung, -en** investigation
unter-tauchen to submerge
die **Unterweisung, -en** instructions
sich unterwerfen (unterwarf sich, hat sich unterworfen, unterwirft sich) to submit
ununterbrochen without interruption
unverletzt unharmed
unverlöschlich inextinguishably
unverschlossen unlocked
unzählig countless
das **Urteil, -e** judgment; sentence

der **Vater, ⸚** father
das **Veilchen, -** violet
verachten to despise
verändern to change; **sich verändern** to change
die **Verbeugung, -en** bow
verblaßt faded
verborgen concealed
das **Verbot, -e** prohibition
das **Verbrechen, -** crime
verdächtig suspicious
verdammen damn
verdeckend concealing
verderben (verdarb, ist verdorben, verdirbt) to perish
verdienen earn
verdrehen to garble
die **Verfolgung, -en** persecution
verfluchen to curse
verflucht cursed ⸍
verfügen über (+ acc.) to have at one's disposal
die **Verfügung** disposal
verführen to mislead
vergällt soured
vergehen (verging, ist vergangen, vergeht) to swoon; to come to an end
vergehend failing
vergessen (vergaß, hat vergessen, vergißt) to forget

vergießen (vergoß, hat vergossen, vergießt) to shed
vergleichen to compare
sich vergreifen an + dat. (vergriff sich, hat sich vergriffen, vergreift sich) to violate
verhaften to arrest
verhallen to fade away
verhängt covered
verherrlichen to glamorize
das Verhör, -e interrogation
verhüllen to hide from view
verklagen to bring court action against
verlangen to demand; to ask
das Verlangen aspiration; longing
verlassen (verließ, hat verlassen, verläßt) to leave
verlassen abandoned
verlieren (verlor, hat verloren, verliert) to lose; **sich verlieren** to fade
verloren-gehen (ging verloren, ist verloren-gegangen, geht verloren) to be lost
vermeinen to believe
vermögen (vermochte, hat vermocht, vermag) to be able
vermodert decaying
die Vernunft reason
das Vernünftige what is reasonable
verpflichtet obligated
verraten (verriet, hat verraten, verrät) to betray
sich verrechnen to miscalculate
verriegeln to bolt
verrostet rusty
verrücken to displace
versäumen to neglect
verschließen (verschloß, hat verschlossen, verschließt) to plug
verschlingen (verschlang, hat verschlungen, verschlingt) to devour
verschnörkelt elaborately decorated
verschonen to spare
verschönern to gloss over
verschwinden (verschwand, ist verschwunden, verschwindet) to disappear
versinken (versank, ist versunken, versinkt) to sink
versichern to assert
verspinnen (verspann, hat versponnen, verspinnt) to spin
versprechen (versprach, hat versprochen, verspricht) to promise
verstecken to hide
sich verstecken to hide
verstehen (verstand, hat verstanden, versteht) to understand
der Versuch, -e attempt
versuchen to try; to tempt
verteidigen to defend

vertragen (vertrug, hat vertragen, verträgt) to bear
verurteilen to condemn
verwandeln to transform
verweilen to rest
verwenden to use
verwirrt confused
verwittert decaying, crumbling
verworren confused
sich verwundern to be surprised
verwundert surprised
verwünschen to cast a spell on; to enchant
verzichten auf (+ acc.) to do without
verzweifeln to despair
verzweifelt desperate
die Verzweiflung despair
viel much; many
vieles much; many things
vielleicht maybe
vielmehr rather
das Viereck rectangle
das Viertelstündchen quarter hour
der Vogel, ⁝ bird
voll filled; fill with; full
voller filled with
völlig completely
vollkommen complete
vollstrecken to carry out; to execute
vollziehen (vollzog, hat vollzogen, vollzieht) to carry out
von from; **von nun ab** as of now
vor before; ago; in front of; **vor allem** above all
voran-gehen (ging voran, ist vorangegangen, geht voran) to proceed
vorbei-schlagen (schlug vorbei, hat vorbeigeschlagen, schlägt vorbei) to fall to the side
vor-bereiten to prepare; **sich vor-bereiten auf** (+ acc.) to prepare for
vor-gehen (ging vor, ist vorgegangen, geht vor) to proceed
das Vorgehen procedure
vor-haben (hatte vor, hatte vorgehabt, hat vor) to intend; to wish to do
das Vorhaben, - plan
vorhanden available
vorhin a little while ago
vor-kommen (kam vor, ist vorgekommen, kommt vor) to seem
vor-sagen to recite
vor-schlagen (schlug vor, hat vorgeschlagen, schlägt vor) to suggest
vor-schreiben (schrieb vor, hat vorgeschrieben, schreibt vor) to dictate; to lay down a rule
die Vorsicht caution
vorsichtig carefully

vor-springen (sprang vor, ist vorgesprun-
    gen, springt vor) to run ahead
sich vorstellen to imagine
die Vorstellungen (pl.) intercession
vorüber-kommen (kam vorüber, ist vor-
    übergekommen, kommt vorüber) to
    pass by
der Vorwurf, ⁻e accusation; sich Vorwürfe machen to blame oneself

wachen to stay up late
das Wachs wax
der Wächter, - sentinel
die Waffe, -n weapon
wagen to dare
der Wagen, - coach
während during
die Wahrheit truth
wahrscheinlich probably
der Wald, ⁻er forest
die Waldecke corner of the woods
walten to manage
die Wand, ⁻e wall
wandern to wander; to travel
die Wanderschaft wandering
der Wandersmann, -leute wanderer
die Wanderung, -en journey on foot;
    eine Wanderung machen to go on a
    hike
die Wange, -n cheek
das Warenhaus, ⁻er department store
warnend giving a warning
warten to wait; warten auf (+ acc.) to
    wait for
der Wärter, - watchman
warum why
das Wasser water
der Wasserpatscher, - water splasher
der Wechsel, - change
der Weg, -e way
weg away
weg-rennen (rannte weg, ist weggerannt,
    rennt weg) to run away
weg-werfen (warf weg, hat weggeworfen,
    wirft weg) to throw away
das Weh sorrow; passion
wehen to blow gently; to waft
wehmütig languidly
weh-tun (tat weh, hat wehgetan, tut weh)
    to hurt
sich wehren to defend oneself
das Weib, -er wife
die Weide, -n willow
sich weigern to refuse
weil because
das Weilchen a little while; über ein
    Weilchen a little later
der Wein, -e wine

weinen to cry
die Weise, -n the way
weisen (wies, hat gewiesen, weist) to point;
    to show; weisen auf (+ acc.) to point
    to
weiß white
weit far, wide; much; weit und breit far
    and wide
die Weite, -n distance
weiter further
weiter-erzählen to continue a story
weiter-fahren (fuhr weiter, ist weiterge-
    fahren, fährt weiter) to continue
weiter-gehen (ging weiter, ist weitergegan-
    gen, geht weiter) to move on; to
    proceed
weiter-kämpfen to continue fighting
weiter-laufen (lief weiter, ist weitergelau-
    fen, läuft weiter) to continue running
die Welle, -n wave
die Welt world
wenden to turn; sich wenden to turn
wenig few, little; ein wenig for a short
    time
wenigstens at least
wenn when; if; whenever
wer who; whoever
werden (wurde, ist geworden, wird) to be-
    come
werfen (warf, hat geworfen, wirft) to throw;
    to create; sich werfen to jump
das Werkzeug, -e tool
wertvoll valuable
weshalb why
wetten to bet
das Wetter weather
wichtig important
wider against
der Widerhall, -e echo
sich widersetzen (+ dat.) to oppose; to
    contradict
wie how; like; as
wie . . . auch no matter how
wieder again
wieder-bringen (brachte wieder, hat wie-
    dergebracht, bringt wieder) to return;
    to bring back
wiederholen to repeat
wieder-kommen (kam wieder, ist wieder-
    gekommen kommt wieder) to return
wiegend bobbing
wiehern to neigh
die Wiese, -n meadow
wieso how so
wieviel how much
der Wille wish
willig willing
der Wind, -e wind

der Winkel, - corner
winken to signal; to wave
der Winter winter
wirklich real
die Wirklichkeit reality
wischen to dry
wissen (wußte, hat gewußt, weiß) to know
die Witwe, -n widow
wo where; when
die Woche, -n week
wochenlang for weeks
woher from where
wohin where to
wohl good; well; probably
wohnen to live
der Wolkenkratzer, - skyscraper
wollen (wollte, hat gewollt, will) to want
das Wort, -e word
wörtlich literal
die Wunde, -n wound
das Wunder, - wondrous work
wunderbar wonderful
sich wundern to wonder
wundersam peculiar; exotic
wunderschön magnificent
wünschen to wish
das Wünschen making wishes
die Wut rage

die Zacke, -n jagged outline
der Zahn, ⁓e tooth
zart delicate
der Zauberfluß magic flow
der Zauberkreis, -e magic realm
zaudern to hesitate
die Zeder, -n cedar
das Zeichen, - sign
zeichnen to draw; to draft
die Zeichnung, -en drawing
zeigen to point
die Zeit, -en time
die Zeitung, -en newspaper
die Zelle, -n cell
zerbrechen (zerbrach, hat zerbrochen, zerbricht) to break to bits; to shatter
zerreißen (zerriß, hat zerrissen, zerreißt) to tear up
zerschlagen (zerschlug, hat zerschlagen, zerschlägt) to defeat thoroughly
zerschlissen tattered
zerspringen (zersprang, ist zersprungen, zerspringt) to burst
die Zerstreutheit absent-mindedness
zerstückt in pieces
ziehen (zog, hat or ist gezogen, zieht) to pull; to fly; to travel
das Ziel, -e goal
das Zimmer, - room

zittern to tremble
der Zorn anger; vor Zorn in anger
zornig angry
zu to
zu-blinzeln (+ dat.) to wink at someone
zucken to shrug
zuerst first
der Zufall, ⁓e chance
zufassend clutching
zu-flüstern to whisper to
zufrieden satisfied
der Zug, ⁓e outline
zugänglich accessible
zugeben (gab zu, hat zugegeben, gibt zu) to admit
zugegeben admittedly
zu-gehen auf + acc. (ging zu, ist zugegangen, geht zu) to approach; to walk toward
zugleich at once
zu-hören to listen
zu-klappen to close
zu-kommen (kam zu, ist zugekommen, kommt zu) to be up to
zu-laufen (lief zu, ist zugelaufen, läuft zu) to run toward; zu-laufen auf jemanden to run toward someone
zuletzt finally
zurecht-machen to make up; to get ready
zurück-blicken to look back
zurück-bringen (brachte zurück, hat zurückgebracht, bringt zurück) to bring back
zurück-gehen (ging zurück, ist zurückgegangen, geht zurück) to return
zurück-halten (hielt zurück, hat zurückgehalten, hält zurück) to hold back
zurück-kehren to return
zurück-kommen (kam zurück, ist zurückgekommen, kommt zurück) to return
zurück-lassen (ließ zurück, hat zurückgelassen, läßt zurück) to leave behind
zurück-sinken (sank zurück, ist zurückgesunken, sinkt zurück) to fall
zu-rufen + dat. (rief zu, hat zugerufen, ruft zu) to call to
die Zusage promise
zusammen together
zusammen-drängen to crowd together
zusammen-rollen to roll up
zu-schauen to watch; to observe
zu-schieben to push in
zu-schließen (schloß zu, hat zugeschlossen, schließt zu) to lock
zu-schreien (schrie zu, hat zugeschrien, schreit zu) to shout to
zu-sperren to lock
der Zustand, ⁓e situation

zu-stoßen (stieß zu, ist zugestoßen, stößt zu) to happen

sich zu-tragen (trug sich zu, hat sich zugetragen, trägt sich zu) to happen

zuungunsten to the disadvantage of

zuvor before

zu-werfen (warf zu, hat zugeworfen, wirft zu) to close; to slam shut

zu-winken to beckon

zwar to be sure

der Zweifel, - doubt

zweifeln to doubt; **zweifeln an** (+ dat.) to doubt something

zwingen (zwang, hat gezwungen, zwingt) to force

zwingend compelling

zum zweitenmal for the second time

zwischen between